なぜ営業リーダーの仕事はこんなに難しいのか

EVERYONE CAN BE A GREAT SALES LEADER.

遠藤公護
KOGO ENDO

CROSSMEDIA PUBLISHING

はじめに

なぜ、営業リーダーの仕事はこんなに難しいのでしょうか？

そして、苦しいのでしょうか？

それは、世の中にこれで絶対大丈夫と決められた手法が確立されていないからです。

かつて数字が上がる可能性が高いと言われていた手法は、現場の営業をしぼるようなスタイルが求められていました。今は数字という結果だけを求めてやり方は個人に任せるという手法が重んじられているように思えます。

これは個人の自由を認めているようですが、実は営業リーダーの仕事と真正面から向き合ってないことと私は感じています。

リーダーシップ本は世の中にごまんとあります。

私が読んできた多くの本の中にも、自分のバイブルのように人生を支えてくれているものがあります。それでも自分が何故リーダーシップについての本を書きたいと思ったか、それは営業リーダーがどう苦しみ、何を実施することでチームと一緒に数字を作っていいったかを述べた生々しいリーダーシップ本が必要だと思ったからです。

本書では、厳しい数字という現実から目を背けずに、具体的に何をすべきかを明確に示しました。そして、私自身が経験した大きな失敗を繰り返さないように、人の本質と向き合ったリーダーシップについてまとめました。

本書はストーリーテリングの手法を用い、私の経験を通して読者自身のリーダーシップを考え、体感できるような内容となっています。

まず、「リーダーの仕事」として、強いチームをつくるためにリーダーが日々の業務として何を実施するべきかについて解説します。

営業リーダーになったばかりの方々の、明日からの行動指針としてご活用ください。

次に、営業リーダーの最重要課題である「数字をつくる」という観点から、ＫＰＩマネジメントやアカウントプランなど、営業のプロとして必須の営業オペレーションについて解説します。

これは、厳しい数字の世界を生き抜くための武器となるでしょう。特に、現在数字に苦戦している営業マネージャーの方々には必読の内容です。

そして最後に、「愛されるリーダー」になるために、数字を追求する一方で、どのようにチームメンバーとの絆を築いていくのか、人の本質に迫ります。私自身の経験も踏まえ、その先に待つ世界を描きました。

様々な役割を担う営業マネージャーの仕事に真正面から向き合う内容として、全ての営業マネージャーの方々に読んでいただきたいと考えています。

第3章 営業マネジメント4つの重要業務

第4章 KPIマネジメントと案件管理

INDEX

第5章 営業マネジメント

第6章 営業戦略を浸透させる

第1章

リーダーの仕事

リーダーを意識した日

かつての私は、リーダーという言葉とは無縁の、ごく普通の学生時代を過ごしていました。小学校時代、友達と遊んでいる私を見て、父は「いつも誰かの後ばかりついていくのではなく、自分から何かを発信してみろ」と叱咤しました。しかし、当時の私は、友達の中心になり、皆を引っ張っていくことなど到底できないと思っていました。

そんな私が、リーダーという言葉について深く考えるようになったのは、20代後半のある日のことでした。当時私が所属していた営業部の上司である執行役員の就任式でのスピーチがきっかけでした。

「リーダーは誰だと思いますか?」

新任の執行役員は、私たちに問いかけました。私は当然、その執行役員が「自分がリーダーだ」と認めてもらいたい、従ってほしいという話だろうと思っていました。しかし、執行役員の言葉は、私の予想を裏切るものでした。「真のリーダーは、日々現場で戦う皆さん一人ひとりです。皆さん自身がリーダーであるという自覚を持ち、会社を変えていくんだという気概を持ってほしい」

ありふれた言葉かもしれません。しかし、リーダーとは自分とはかけ離れた存在だと考えていた私にとって、その言葉は深く胸に響き、忘れられないものとなりました。リーダーとは、立場ではなく、意識の問題なのだと。

その後、会社が買収され、リストラが断行されるという激動の中、私は、営業マネージャーに抜擢されました。しかし、経験不足と未熟さゆえに、パワハラという大きな失敗をしてしまったのです。

この経験を通して、「最初のマネージャー経験は失敗するものだ」というのが私の持論になりました。

その理由は、初めてマネージャーになった人は、自分を評価してくれた上司のマネをしてしまいがちだからです。そして、その環境で認められ昇進したという成功体験が、さらに上司の指導方法を模倣させ、失敗へと導くのです。しかし、それはあくまでも表面的な模倣であり、自分の本質とは異なります。

私が最初に営業マネージャーになった頃は、厳しい指導が現場に対して行われていました。

数字は、営業だけでなく、SEやサポート部隊、バックオフィスなど、多くの人の生活を守ることに繋がるため、厳しく数字を追及すること自体は悪いことではありません。しかし、当時の環境は、数字が目的化し、人のためではなく、保身のために暴言が吐かれたり、営業を追い込むようなものでした。

私自身も、本来の自分とは違う営業リーダーとしてのスタイルを貫こうとして、大きなストレスを抱えていました。

求められるリーダー像が変わった

私が外資系企業にいたときは、弱肉強食によって数字至上主義の強いリーダーが求められていました。しかし、そのような環境では、現場は失敗を恐れ、無難な行動に終始するか、逆に極端な行動に出てしまう傾向がありました。

そして、時代は変化しました。私自身も驚きましたが「マネージャーになることが嫌だ」「誰かと競うようなこともしたくない」という若い世代も現れてきています。

今は「理解できるリーダー」が求められる時代になりました。

リーダーが弱みを見せることで、人間らしい尊厳が保たれ、現場のメンバーも安心してチャレンジできる環境が生まれます。京セラ創業者の稲盛和夫氏の言葉にもあるように、「集団、それはリーダーの人間性を映す鏡なのです。」

あなたのチームはどうでしょうか？　メンバーがチャレンジできる環境でしょうか？　それとも、失敗を恐れるような環境でしょうか？

リーダーであるあなたは、チームに大きな影響を与えます。そこで、この章では、現代の営業リーダーに求められる資質を定義していきたいと思います。

次世代リーダーに求められる資質は、ひと昔前とは大きく変化しました。かつてのような強いリーダー像ではなく、理解し合えるリーダーが求められています。

営業マネージャーとして日々奮闘する中で、私自身が特に重要だと感じる資質が2つあります。

1つ目は「謙虚」であることです。

営業リーダーとして壁にぶつかり、かつて読んだ『ビジョナリーカンパニー2』を再び手に取ったときです。20代の頃は素通りしていた一節が、深く胸に響きました。それは、真に偉大なリーダーは決して派手ではないということです。

組織として成果を出し続けることに満足し、揺るぎない意思を持ちながらも、驚くほど「謙虚」であると。これを第五水準のリーダーシップと定義しています。

従来のイメージでは、特に外資系企業のトップにはカリスマ性あふれるリーダーが就くと思われていましたが、企業を真に成長させたリーダーは、むしろ控えめで、チームの成果を我が子の成長のように喜ぶ人物であると本書は教えてくれます。私は、子供の頃の記憶を反芻しながら、第五水準のリーダーは万事に控えめで、物静かで、内気で、恥ずかしがり屋な人間だからこそ謙虚になれ、職業人として持つこだわりこそが会社を成功に導くという部分を噛み締めました。

2つ目は「自分らしくいる」ことです。

これは意識して身に付ける資質というより、ありのままの自分でいることの大切さを表しています。

かつての新社長が全社員に向けて発信したメッセージが「Unleash：解放」でした。それは、あらゆる場面で「自分を解き放ち、自分らしくあろう」というメッセージです。

家族といるときも、友人といるときも、会社で働くときも、すべてにおいて同じ自分でいられたら、どれほど心地良いでしょうか。そして、ありのままの自分でいることが、結果として周囲の人々を引きつけるのだと、新社長は教えてくれました。

転職後に担当営業として再び現場に立ったとき、自分らしくいる方が成果に繋がるという感覚を持つようになりました。その後、マネージャーに昇進した際も、前回失敗した上司の模倣や型にハマったリーダー像を目指すのではなく、「自分らしくいよう」という言葉を胸に、新たな挑戦に臨みました。

この「自分らしく」という考え方は、近年「オーセンティシティ」として注目を集めています。ハーバードビジネスレビューの記事にもあるように、ありのままの自分を職場で見せることで、従業員の能力は最大限に引き出され、心理的安全性が確立された環境では、自由な意見交換が生まれると言われています。

かつての私は、求められていると勘違いした「厳しい営業マネージャー」を演じ、四六時中その仮面を被り続けていました。しかし、本来の自分の良さに気づくことで、営業としてだけでなく、リーダーとしても成功体験を得ることができました。

現代において求められるリーダー像は、従来の「強いリーダー」から、謙虚で「理解できるリーダー」へと変化しました。謙虚さや弱みさえも見せることができる上司の元では、部下は安心してリスクに挑戦できるようになります。

予測可能で理解しやすいリーダーになる

では、「理解できるリーダー」になるためには、具体的にどうすれば良いのでしょうか？ぜひ、皆さんも一緒に考えてみてください。

私自身も、チームメンバーから「理解できるリーダー」になるにはどうすれば良いのか、と自問自答を繰り返していました。そして、それは「良い意味で予測可能な上司」になることではないかと考えるに至りました。

従来型の「強いリーダー」は、全てを自分中心に考えているため、感情の起伏が激しく、部下は常に上司の顔色を伺わなければなりませんでした。戦略決定においても、「前はこう言っていたから大丈夫だろう」が通じません。都度確認が必要となり、非効率です。

一方、「予測可能な上司」は、日頃から部下とコミュニケーションを取り、信頼関係を築いているため、わざわざ確認せずとも、互いに考えを理解し合うことができます。その結果、部下は自分の頭で考え、必要なタイミングで相談するようになり、自律的な成長を促せるのです。

タブロー社の元CEOで、Amazon Web ServiceのCEOも務めたアダム・セリプスキー氏から、私は「予想可能な上司」というわかりやすいリーダー像を教わりました。

印象的なのは、日本の本社がGINZA SIXに移転したときのことです。お披露目の会も終わり、社員だけで余韻に浸っていた際、アダムに声をかけられました。

「何か私にできることはないか？ 遠慮なく言ってほしい」

建前上の優しい言葉をかけてくれただけかもしれない、とも思いましたが、折しも顧客でトラブルを抱えていた私は、思い切ってその概要と期待値を伝えました。すると、彼は本社に戻るとすぐに関係者を動かし、期待を上回る結果を出してくれたのです。

その夜、彼が言った「リーダーは何ができるかをチームメンバーにわかりやすく知ってもらうことが大事だよ」という言葉は、今でも鮮明に覚えています。その後の迅速なトラブルシューティングを通して、私は彼が顧客を第一に考え、必要があれば超法規的にチームを動かす力を持っていることを実感しました。そして、彼自身がどんな人間なのか、どこまで頼っていいのかが明確になったのです。

こうして「予測可能なリーダー」の存在は、現場に安心感を与え、会社全体を良くしていくのだと、身をもって知りました。私自身も、チームメンバーにとって予測可能でわかりやすいリーダーであるために、顧客から感謝されたエピソードや、家族を大切にしている話などを朝会で共有するようにしました。

自身の価値観を伝えることで、メンバーは各自の役割や、私に何をどのようにお願いすれば良いかを理解してくれたと感じています。無駄な探り合いは必要ありません。

次世代に求められるリーダー像は、私自身にとっては「謙虚さを持ち、自分らしくいられるマネージャー」です。人によって理想のリーダー像は異なるかもしれませんが、「強いリーダー」から「理解しやすいリーダー」へと変化している点は、誰もが認めるところでしょう。

では、どのようにすれば「予測可能で理解しやすいリーダー」になれるのでしょうか。

私の場合は、アダムのように自身の価値観をチームメンバーに理解してもらうことで、行動の予測可能性を高めようとしました。具体的には、朝会などを利用して、積極的に自己開示するよう努めました。皆さんなら、どのような行動を起こされますか？

第2章

強いチームをつくる

チーム独自の目的を持つ

私は担当営業としての実績が認められ営業マネージャーに昇格した際に、1週間のマネージャー研修をシアトル本社で受けることになりました。

その研修は、マネージャーに特化したトレーニングで、「リーダーシップ」「組織運営」「人材採用」「報酬トレーニング」など多岐にわたりました。

その中で、強烈なインパクトと学びを得た研修がありました。それが「強いチームをつくる」というテーマの研修でした。


そもそも強いチームには何があるかということからこの研修は始まっていきます。

そこで教えてもらったのが、強いチームには「Norms」があるということでした。

Normsというのは日本人にはあまりなじみがない言葉だったので辞書で調べてみたところ、「規範、基準」と記載されていました。それでもまだピンとこなかったのですが、研修資料にあったNormsの説明を読み理解ができました。

「Norms are the traditions behavioral standards and unwritten rules govern how we function when we gather」

この文章の中で、私が一番印象に残ったのは「unwritten rules」でした。

強いチームにはNormsがあり、Normsとはunwritten rulesである、つまり、日本語の「暗黙知」みたいなものがチームの中にあるのが強いチームだと理解しました。

さらに研修資料では、「働く集まり」と「強いチーム」との違いは何かということでいくつかの項目にわかれて記載してありました。

ここでは、「働く集まり」というのは悪い意味として使われているのですが、その中でビックリした定義がされていました。

働く集まりは会社の目的とグループの目的が一緒であるが、強いチームは会社の目的とは別にチーム固有の目的を持つものである。

会社と同じ目的を持っていることが何で悪いのか？　とそのときすぐには意味がわかりませんでした。

そこで例としてあげられたのがゴールデンサークルです（前著の『人生を変える営業スキル』を参照）。

サイモンシネックがTEDで語った、キング牧師の人の心を動かした話です。

ワシントンに集まった25万人のメンバーは、全体のために集まったわけでなく、メンバー一人ひとりの意義のために集まり、それぞれが自分の強い思いを持って集まったからこそ全体として強力な力を発揮したという点でした。

強いチームをつくるなら、会社の方向性に合わすだけでは弱く、自分のチーム独自の目的を持つことが大事であり、その自主自立した強いチームが集まった結果として会社全体としても強いチームとなると教わったのでした。

リーダーがコアバリューをつくる

私が以前勤めていた会社のミッションは、「Help People＝人を助ける」でした。しかし、強いチームをつくるという観点では、私のチームも会社と同じように「Help People」を掲げるだけでは不十分だという結論に至ったのです。

チームで独自の暗黙知を持ち、揺るぎない目的を共有するにはどうすれば良いのか？その答えは、コアバリューにありました。コアバリューには様々な解釈がありますが、私は「リーダーの経験に基づき、チームメンバーと共有する心を動かす約束」と教わりました。

チームのコアバリューを創り出すには、リーダーが時間をかけて練り上げる必要があります。なぜなら、コアバリューはチームの方針であり、容易に変更するべきものではないからです。少なくとも1年間は、同じコアバリューのもとでチームを運営していくべきでしょう。

リーダーは、様々な情報やトレンドを積極的にインプットし、ストックを積み重ねることが重要です。そのストックの中から、チームの状況や自身の価値観に基づいて言葉を選び抜き、最終的にはチームメンバーの心に響くフレーズに落とし込んでいきます。

私自身のインプット源として有効だったのは、ハーバードビジネスレビュー（HBR）でした。正直なところ、すべてを理解できるわけではありませんでしたが、習慣として毎週欠かさず目を通していました。すると不思議なことに、当時抱えていた課題に合致する記事が目に飛び込んでくることが多々あったのです。そして、それらの記事は深く心に刺さり、示唆を与えてくれました。

このようにして得た情報をもとに、私はその年にふさわしいコアバリューをつくり上げていきました。

例えば、ある年に私がつくったコアバリューは、次の3つです。

①Top Giver（与え続け、チーム全員の達成を喜ぶ）
②Aim（狙っていくことこそ営業である）
③High Standard（高い基準を常識にする）

1つ目の「Top Giver」は、アダム・グラント氏の著書『Give & Take』から着想を得ました。同書では、人を「Giver」「Taker」「Matcher」の3つに分類しており、「Giver」は、ただ与え続けるだけでは疲弊してしまう可能性も指摘しています。

私が掲げた「Top Giver」は、単に与えるだけではない、その上を目指す姿勢を表しています。

数字をつくることに注力する営業担当者は、ときに社内に対して傲慢な態度をとってしまうことがあります。しかし、それはチームの和を乱す行為です。

私は、コアバリューを通じて、誰かのために尽くし、チーム全体の達成を喜べるようなチームをつくりたいと考えました。「Giver」をさらに進化させた究極の姿として、「Top Giver」をチームとの約束としたのです。

その結果、既に目標を達成した営業担当者も、そうでないメンバーに対して何ができるかを考えるようになりました。

また、他の部署に対しても、「Top Giver」の視点から、自分に何ができるかを考えるようになったのです。その証拠にコアバリュー導入後、関連部署のマネージャーから、チームメンバーとの協調性の高さを評価されることが増えました。

2つ目の「Aim」、3つ目の「High Standard」についても同様に、私の信念に基づき、チーム全体で共有すべき価値観として定義しました。

ワークショップでコアバリューに関する質問を頂いたことがあります。

会社とチームのコアバリューは、強いチームをつくるために全く違う方向性にする必要があるのか？

独自性を意識しすぎて、会社と違うものをつくらなければいけないと捉えがちです。あくまでも私見ではありますが、大きな視点では同じ方向性で問題ないと考えております。例えば、会社のミッション「Help People」は人を助けることですが、私のチームのコアバリュー「Top Giver」も、Giverの究極系として「人を助ける」という意味では同じ方向性を向いています。

会社のミッションは、自分が創業者でない限り、マネージャーがどれだけ強く唱えても、どこか他人事のように聞こえてしまい、迫力に欠けるきらいがあります。しかし、そこに自分自身が生み出した言葉やストーリーを織り込むことで、コアバリューに魂が宿り、チームメンバーにも暗黙知として共有されていくのです。

さらに理想を言えば、チームメンバーそれぞれが、リーダーがつくったコアバリューに自身のストーリーを重ね合わせ、自分ごととして捉えることで、個人の強い思いが集結した強いチームへと成長していくのではないでしょうか。

コアバリューの運用について

コアバリューをつくる重要性はお伝えしましたが、もう一つ重要な問いがあります。「つくるだけで良いのか？」という点です。

せっかくつくったコアバリューを誰も意識せず、リーダーも形骸化させてしまうケースは少なくありません。そこで、コアバリューを活かし続けるための3つの方法をお伝えしましょう。

1 ストーリーテリング

1つ目はストーリーテリングです。コアバリューがなぜ大事なのか、その背景にあるストーリーを語り続けることが重要になります。

例えば、私の場合は「全員の達成を喜べるTop Giverが集まるチームをつくりたい」という思いを語っています。ポイントは、リーダーだけのストーリーではなく、チームメンバーも自分のストーリーを加味し、自分のものとして語れる余白を残しておくことです。

それぞれのストーリーが交わるところに、最高のコアバリューが生まれ、強い暗黙知が育まれていくでしょう。

2 評価項目への導入

2つ目は、評価項目への導入です。人間を行動に導くには仕組み化が有効です。

コアバリューを人事評価、例えばマネージャー昇格の判断項目などに組み込むと効果的です。

数字は達成しても、周囲に傲慢な態度を取る人が、なぜ昇格できないのか？

その理由を明確に示すために、コアバリューは役立ちます。数値化が難しい面もありますが、360度評価など、多くの立場からの評価を取り入れることで、公平性も担保できると考えます。

3 コアバリューの発表

3つ目は、キックオフイベントなどでの発表です。

他のチームにもコアバリューを宣言することで、チーム全体のベクトルを合わせます。

リーダー自身のストーリーを共有することで、チームメンバーはこのチームで働くことへの誇りを改めて持ち、コアバリューを自分自身のものとして捉え、行動に移していくでしょう。

チームでコアバリューをつくる

最後に、私が目指すコアバリューの理想形についてお話しします。

理想は、チーム全員でつくり上げるコアバリューです。

組織のメンバー全員が対話を通じて価値観を明確化し、チームの直面する課題に立ち向かうための心に響く候補を選別し、最終決定する。このようなプロセスを経てつくられたコアバリューは、チームの成熟度を示すだけでなく、お互いの価値観を尊重し合える強いチームの証と言えるでしょう。

残念ながら、私の営業チームではまだ実現していません。しかし、セールスフォースのグローバル研修で、チームでコアバリューを作成した経験を共有させていただきます。

本部長や役員クラスが参加するこの研修は、グローバルチームで擬似企業を運営し、業績を競い合うという高度な内容でした。世界中からオンライン参加する中、わずか3日間という短い期間でしたが、初日にまず取り組んだのがチームでのコアバリュー作成でした。驚くべきことに、2日目、3日目には、講師の指示ではなく、参加者自らコアバリューの読み合わせから始めていたのです。意見の対立が生じた際にも、コアバリューに立ち返り、何を大切にするべきかを確認していました。海外メンバーの進んだリーダーシップに感銘を受けると同時に、短期間でも共通の価値観をベースに約束事を決めることで、強いチームが築けることを実感しました。

「最初からチームでコアバリューを作れば良いのでは?」という質問をよくいただきます。しかし、コアバリューの原点は「リーダーの経験に基づく心を動かす約束」です。シアトルで言われた「あなたなら強いチームをつくれる」という言葉は、今でも私の心に深く刻まれています。

まずは、リーダーであるあなたがチームとの約束を明確化し、進むべき方向性を示してください。それが、強いチームへの第一歩となるのです。

参考：リーダーからの金言

前のパートで、わかりやすいリーダー像の重要性を教えてくれたアダムの言葉は、他にも多くの示唆に富んでいました。そこで、今回は彼が当時の日本の社長に伝えた3つの金言をご紹介しましょう。

1つ目は「スタンダードを下げるな」。馴れ合いでは決して数字は上がらないという厳しい現実を突きつけられる言葉です。「ハイスタンダード」をコアバリューとして掲げていた私にとって、自身の姿勢を正してくれる、心に響く言葉でもありました。

2つ目は「優秀なリーダーでまわりを固めろ」。

3つ目は「経営や変革において譲れないことはデリゲーション（権限委譲）しない」です。

アダムの言葉は、リーダーとして組織を率いる上で、決して忘れてはならない教訓を与えてくれます。

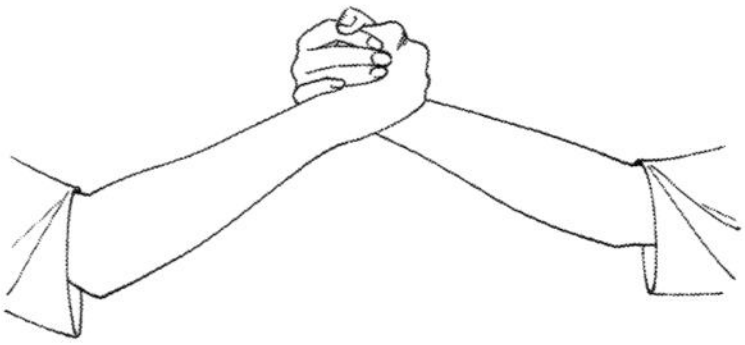

第3章

営業マネジメント
4つの重要業務

ここまで、次世代リーダーに求められる資質と強いチームをつくるためのコアバリュー、すなわちリーダーになったら「意識すべきこと」と「やるべきこと」についてお話してきました。

ここからは、リーダーが日々の実務において具体的に何を行うのかを見ていきましょう。リーダーの業務は多岐にわたりますが、今回は営業マネージャーの役割という観点から、特に重要な4つのポイントに絞って解説していきます。

営業マネジメント実務における役割

❶ハイアリング（人材採用）
❷オンボーディング（環境への適用）
❸プランニングとフィードバック（数字と個人の成長）
❹マネジメント（チーム運営）

❶ ハイアリング（人材採用）

誰をバスに乗せるか？

営業リーダーとして数字を達成することが至上命題であることは言うまでもありません。しかし、それと同等、あるいはそれ以上に重要なのが人材採用です。

かの名著『ビジョナリーカンパニー2』では「誰をバスに乗せるか？」という有名な言葉が登場しますが、まさにそれを体現するようなプロセスと言えるでしょう。

私自身も営業リーダーとしてチーム全体を俯瞰し、必要な人材について考える際に、この「誰をバスに乗せるか」という言葉をよく反芻していました。そして、誰をバスに乗せるかだけでなく、「乗車後、誰がどの席に座るのか」まで想像することで、今まさに採用すべき人材像が明確になることを実感したものです。学生時代の遠足ではありませんが、全員が後部座席に座りたがるようなチームでは、決して楽しい旅はできないでしょう。

私がアジア全体を統括する社長から指示を受ける際、ときには数字目標よりも、むしろ採用枠の充足状況に関するプレッシャーのほうが大きいと感じる場面もありました。その傾向は会議への出席状況にも如実に表れており、社長は数字に関するミーティングには姿を見せない一方で、採用計画の会議には必ず出席し、採用枠が埋まるまで毎週のようにリカバリープランの提出を求めることも珍しくありませんでした。

このように、永続的に数字を生み出すためには、人材採用の責任は人事部や採用チームだけではなく、営業マネージャー自身に帰属するという強い意識を持ち、日々の業務の中で一定の時間を人材採用に割くことが強く求められていたのです。

デモ面接

人材採用は企業活動の根幹を担う重要なプロセスですが、その道のりは決して平坦ではありません。特に、社員数が限られるスタートアップ企業において、初期採用は会社の将来を左右する重要な岐路となります。

私が過去に所属していたスタートアップ企業では、初期メンバーを採用する際は、必ず全社員が候補者と面談を行い、全員が納得するまで議論を重ねていました。会社の成長に伴い、全社員面接が物理的に難しくなった後も、営業担当者の採用においては、独自の選考方法を導入していました。

それは、面接の場で製品デモを実施してもらうというものです。面接では、候補者はこれまでの輝かしい実績を雄弁に語ります。しかし、実際に製品デモを実施してもらうと、面接での印象とは異なる一面が垣間見えることがありました。流暢な説明の裏に隠された、営業としての本質を見極めるために、製品デモは非常に有効な手段だったと言えるでしょう。

もちろん、短期間の準備で完璧なデモを期待しているわけではありません。拙いながらも、製品の持つ可能性や未来への展望をどのように表現するのか。その姿勢や工夫の中にこそ、真の営業としての資質が表れると私たちは考えていました。

製品デモは、単なるスキル評価に留まらず、候補者の熱意や入社への覚悟を肌で感じることができる貴重な方法でした。

面接で何を聞くか？

企業によっては、製品デモの実施や、事前の準備を必要とする選考方法が難しい場合もあるでしょう。特に昨今の人材不足の状況では、応募者に求めるハードルを上げ続けることは困難です。

そこで重要になるのが、面接での見極めです。まず、どのようなコンピテンシー（能力）を持った人材が必要なのかを明確にする必要があります。

私自身、エンタープライズ営業に求められるコンピテンシーを常に意識し、特に次の3点に焦点を当てて採用活動を行っていました。

- 顧客を動かす行動と高いコミュニケーション能力
- 顧客の成功に貪欲にこだわり導く力
- 営業として圧倒的に数字にこだわるタフさ

昨今、「良い人材がいない」と嘆く声をよく耳にしますが、もしかしたら採用基準が誤っているのかもしれません。これらのコンピテンシーを全て兼ね備えた人材を探すのではなく、今はひとつでも、将来的に全てを習得できるような、コーチングを受け入れるマインドを持った、「コーチャブルな人材」を採用することが重要なのです。

コーチャブルな人材を採用する

スタートアップ企業のリーダー研修を行う中で、「チームメンバーからの突き上げや非難に悩んでいる」という相談を受けることがあります。そのようなときには、「コーチャブルな人材を採用していますか?」と問いかけています。

「コーチャブル」とは、コーチと「できる」を意味する"able"を組み合わせた造語で、「コーチングを受け入れることができる状態」を指します。例え優れた実績を持つ人材であっても、コーチングを受け入れる姿勢がなければ、採用を見送るべきです。

最近視聴した広告動画で、長距離トラックの運転手募集に関するものがありました。社長は「経験不問」を強くアピールしており、ありきたりな採用戦略かと思いきや、インタビューでは「むしろ未経験者を積極的に採用している」と断言していたのです。その真意は、業界変革を阻む可能性のある過去の経験やプライドに囚われず、未経験者と共にゼロから事業を構築したいという思いにありました。

このメッセージを聞いて、シアトルでのブートキャンプを思い出しました。参加者はグローバルなメンバーで構成され、IT業界未経験者もおり、中には、俳優やミュージシャンもいました。彼らは営業の知識こそゼロかもしれませんが、俳優であれば経験を活かした顧客対応、ミュージシャンであれば持ち前のリズム感でスキル習得が可能となります。

採用基準は、過去の実績よりも、成長意欲や学習意欲を持つ「コーチャブル」な人材であることが重視されていました。

私自身の考えでは、コーチャブルな要素は

- 誠実（コアバリューと整合性がとれる価値観）
- グリット（何度もトライする情熱と根気強さ）
- 健康（一生懸命働く）

の3つに分解できます。

採用担当者は、コーチングを受け入れられる素養に加え、企業の求めるコンピテンシーを備えた人材を見極めようとしています。コンピテンシーを引き出すために具体的にしていた質問についてもご紹介します。

顧客を動かす行動と高いコミュニケーション能力

顧客を動かすような強いインパクトを残すコミュニケーション能力を見極めるため、「過去の武勇伝を教えてください」と質問していました。その武勇伝が本当に体験に基づくものかを判断するため、そのときの苦しみや乗り越え方も詳しく聞いていました。その説明、私にどれだけの熱意が伝わるかを見て、コミュニケーション能力も評価していました。

顧客の成功に貪欲にこだわり導く力

数字だけを追い求めるのではなく、顧客の成功を導くことで継続的な成果を生み出すことができる真の営業マンを見つけるために、顧客の成功をどのように捉え、導いているかを質問しました。

具体的には、「お客様に感謝された経験を教えてください」と尋ね、トラブルを乗り越えた話や顧客との信頼関係を築いたエピソードを語ってもらいました。さらに、顧客の成功のためにどのような努力を続けているかを理解するため、「普段どのような情報をインプットしているか」についても質問しました。

営業として圧倒的に数字にこだわるタフさ

営業として数字へのこだわりは不可欠です。過去の数字達成状況や、達成できなかった場合の要因分析、会社への依存度などを把握することで、その営業マンがどのステージにいるのかを見極めることを目指しました。

具体的には、「数字に強いですか?」「入社したら会社、私に、何を求めますか?」と質問することで、数字への意識や自立性を評価しました。

内発的な人間の採用

私が数々の面接を通して最後に見極めたいのは、候補者がこの職場を成長の場所として捉え、自分を高め続けたいと考える「内発的な人間」かどうかです。

給与などの外的報酬ではなく、内発的動機を見極めるために、私は自身の成長機会を語るようにしています。顧客と共に会社を変革に導いた営業時代、グローバルチームと協業して大きな仕事をしたマネージャー時代など、他では得難い経験を共有します。重要なのは、候補者の反応です。目を輝かせ、共感してくれるかを見極めます。

自身の経験を語ることは、優秀な人材を獲得するためでもあります。人材不足の昨今、魅力的な企業であると示す必要があるからです。私が得た素晴らしい機会と、その中で得られた成長を語ることで、候補者をワクワクさせ、高給の競合他社にも負けない魅力を伝えられます。

もしあなたが転職活動中なら、面接官に「この会社で最も成長できた機会は何か」と尋ねてみてください。その答えにワクワク感や魅力がなければ、内発的な志向がなく、待遇だけで人を集める企業かもしれません。それは不幸な選択になりかねません。

面接は、お互いを見極める場なのです。

マネージャー採用

マネージャー採用について、特に「誰をバスに乗せるか」という観点からその重要性を考えてみましょう。

運転手であるマネージャーによってチームの進む方向は大きく変わり、組織の成長には多様性も重要になります。問題は、どのような人材をマネージャーに据えるべきか、です。結論は容易ではありませんが、チームメンバーから尊敬を集めるマネージャーの特徴として、「会社の製品を誰よりも愛している」という点が挙げられます。心から製品を愛するからこそ、人の心を打つメッセージを発信し、チーム全体を同じ方向へ導くことができるのです。

私は外部からのマネージャー採用には反対です。なぜなら、チームメンバーのほうが製品への愛が強い場合、現場のメンバーを上回る言葉で顧客を魅了することは難しいからです。基本は内部昇格が良いですが、外部から採用する場合には前職の成功体験ではなく、自社の製品や可能性への情熱を求めます。そうでなければ、マネージャーを降りてもらう覚悟が必要です。

一方で、営業マネージャーとして転職を考えている方もいるでしょう。外部からだからこそ気付ける魅力や未来もあるはずです。そういった方は入社前後の徹底した姿勢によって、新たな勝ち筋を発見することで部署に活気をもたらしてください。

面接の秘訣（上級編）

数年前にグローバルキックオフのトレーニングで感銘を受けた面接の秘訣についてお伝えします。それは「シンプルなオープンクエスチョンを多用する」という、一見当たり前ながらも奥深いアドバイスでした。

クローズドクエスチョンは「はい or いいえ」で答えられる質問で、オープンクエスチョンは相手に幅広く意見を聞く質問です。

面接だからオープンクエスチョンで聞くのは当たり前だと思うかもしれませんが、意外だったのは「シンプル」という部分でした。

それまでの私は、求める人物像を具体的に伝えようと、過去の経験談などを交えながら質問していました。候補者が私の長い説明を聞きながら徐々に意図を汲み取って話してくれても、本当にその経験や能力を持っているのか深く探ることが難しかったのです。

そこで、トレーニングで教わった「シンプルに聞く」を実践してみることにしました。すると、短い質問の中に、候補者の本質を見抜くヒントが隠されていることに気づきました。例えば、顧客との共感力を測りたい場合、「印象に残っている顧客とのエピソードはありますか?」といった具合です。

シンプルな質問だからこそ、候補者は自分の言葉で考え、答える必要が出てきます。その過程で、私が本当に求める能力を持っているのかどうかが明確に見えてくるのです。

人材採用に迷ったときは、ぜひこの「シンプルなオープンクエスチョン」を試してみてください。きっと、求める人物像を見極めるための、強力な武器になるはずです。

❷ オンボーディング（環境への適用）

新入社員を即戦力化する

新入社員が1ヶ月で戦力となるよう、万全なオンボーディング体制を整えることが重要です。顧客にとっては、新入社員もベテラン社員も関係ありません。それに、時間を無制限に与えてもくれません。ましてや、まだ市場を席巻していない製品を扱うなら尚更です。だからこそ、顧客を惹きつける洗練されたデモやプレゼンを会社として用意し、新入社員がそれを習得できるよう徹底的にサポートする必要があるのです。

入社後十分なトレーニングがない会社もあるかもしれませんが、営業リーダーには、自社の勝ち筋をどのような資料やデモで伝えるかを体系化し、ナレッジとして共有する責任があります。製品を売るための戦略は、営業リーダーに直結する重要事項だからです。

私自身、過去に苦い経験をしました。営業担当から部長に昇進した際、中途入社者に向けたオンボーディング資料を作成しました。しかし、当時は勝ち筋の共有に対する認識が甘く、既存資料の抜粋で済ませてしまったのです。

その結果、実績豊富な中途社員から「表向きの資料ではなく、実際に売るための資料が欲しい」と指摘され、深く反省しました。新天地で活躍しようと奮闘するメンバーにも申し訳ない気持ちでいっぱいになり、オンボーディング資料とデモトレーニングの重要性を改めて痛感しました。

ワークショップでは、営業リーダーに「コロンブスの卵」の話をしています。これは、勝ち筋を明確化し、トレーニング資料として準備することの重要性を理解してもらうためです。コロンブスがアメリカ大陸を発見した後に、あるパーティーで酔っ払いに「西へ航海しただけだろう」と揶揄された際、彼はゆで卵を使って反論しました。誰もが卵を立てられずにいる中、コロンブスはゆで卵の下部を潰して立たせたのです。

これを見た人々はインチキだと騒ぎ立てましたが、コロンブスは「アメリカ大陸発見も同じだ。発見してしまえば誰でも簡単だと言うが、そこに至る方法を見つけるのは難しい」と反論しました。

会社の勝ち筋も、見つけてしまえば「そんな簡単なことだったのか」と言われるかもしれません。しかし、それを発見する洞察力や、誰もが実行できるよう言語化し、形にすることこそが重要なのです。

メンター制度の確立

入社直後は様々な疑問が生じるもの。そこで、誰に聞けば良いか迷うことなく、すぐに相談できるメンター制度も有効でしょう。

メンター制度は、先輩社員にとっても自身の経験を言語化し、再現性のある形で伝える訓練になります。これは、過去の振り返りだけでなく、将来リーダーとして活躍する上での貴重なトレーニングにも繋がるはずです。

メンター制度は、ただでさえ忙しい現場の営業にお願いすることになるので3つの点に気を付けて運営をして欲しいと思います。

❶意図／メリットをきっちり伝える

先輩営業にメンターをお願いする際にモチベーションはとても大切です。入ってきたばかりの新入社員がマネージャー以上に普段会話することになるのもメンターです。余計な負荷だと思いながら活動されると、その対応や印象が悪かった場合は新入社員のモチベーションを一気に下げることになりかねません。

私はチームのコアバリューを「Top Giver」にしていたので理解は得やすかったと思います。しかし、全ての会社でコアバリューをTop Giverで設定しているわけではないと思います。

将来マネージャーを希望しているメンバーには将来の疑似体験として発破をかけることが大事です。負担に思うメンバーには、全てを自分で抱える必要はないこともしっかり伝えます。それぞれが得意な領域があるので誰に聞けば良いかわかるようにして、可能であれば橋渡しまでしてあげられれば最高だと伝えます。

2 新入社員、メンター、両方からのフィードバック

入社早々はメンターに対しての不満を共有してもらうことは難しいです。中にはお互いの相性が合わない場合もあります。

ただ、リーダーになりたい人の場合はどのようなメンバーでも相手に合わせた対応が出来ればという思いがありますし、入ってきた新入社員側も何を不満に感じるかでその人がどのような課題を持ち合わせているかということも見極めることも出来ます。その中で

端々に伝わってくるニュアンスを感じ取り、ときにはリーダーが両方に対して直接フォローすることが大事です。

裏テーマとして、次のリーダー候補を探し続けることです。内部昇格を基本にするためにも一か八かではなく、もしなったらどういったことになるのかという見極めが出来ます。同僚とのやり取りの中で見えるものは大きなヒントが隠されています。

3 メンターを経験してもらう

同じベテラン社員にメンターをお願いするのではなく、順番にアサインしていく事が大事です。

教える側になることで急激に成長するメンバーの姿を何回も見てきました。また、ベテラン営業ばっかりにお願いした場合、抱えている課題感が違うケースも出てきます。間違いなく数年前と今では会社の状況や困るポイントも違うはずです。最近抱えている問題を対処した経験を次のメンバーで活かせるという観点でもメンターはどんどん回していくべきです。

挫折感を味わわせないメンター制度

私自身がとても信頼し、グローバルと比較しても圧倒的なチーム生産性と低離職率を実現していたサポートチームのリーダーが大切にしていたのも新入社員のオンボーディングでした。彼が実践していたことは大いに参考になると思います。

「挫折感を味わわせない」

入社3ヶ月、そして1年をポジティブに過ごすことが出来れば、その後は定着し素晴らしい人材として働き続けてくれるということがわかっていた彼は、このフレーズをとても大切にしていました。その中で実践していた彼の制度は示唆に富んでいます。

1 メンターへの配慮と評価

メンターを引き受けてくれているメンバーには、今後の土台になる新しいメンバーと真剣に向き合ってもらうため、しっかり時間を使ってもらうことをお願いしていました。

例えば1日2時間を新人教育にあてることをお願いするのであれば、その分目標としてもっている数字も25％下げるという形で具体的に動きやすい環境をつくりました。また、メンター制度に真剣に取り組むことが人事評価につながるということを明確化するために「インターナルクロス」という仕組みをつくり、誰もがわかりやすく見られるダッシュボードをつくっています。

メンターが実施してくれたことへの感謝がダッシュボードで可視化されることで、長年チームとして感謝の数珠つなぎが続いているのです。メンターとしての感謝が多い人トップ3を四半期に一度のペースで表彰することでマネージャーがしっかり見ていることを伝え、全員の前でしっかり感謝することも積極的に実践しています。

2 新人に特権を与える

挫折感を味わわせないということを前提にしてはいますが、メンターの中にはこれくらい出来て当たり前という事も含めて、厳しく指導してしまうケースがあります。それ自体は成長を願ってのことなので、悪い事ではない場合もありますが、新人が恐れて聞けなくなってしまうと本末転倒です。

そこで新人に言っていたのは、「3ヶ月は何を聞いても良い」という特権でした。特に最初の3ヶ月は抱えすぎて時間を使うぐらいなら聞いたほうが早いです。

一方メンターには「聞かれたことは断れない」ということもルールとして徹底していました。学ぶべきはチーム内で明確にルール化して運営していたことだと思います。

3 バックアップ制度

サポートチームという仕事に求められる役割上、間違ったことは教えられません。そのため、メンターになってもらうメンバーはだいたい2年を超えてからお願いすることが多かったそうです。

主力になっているメンバーなので重要事項を任されていて忙しいことも、当然休暇を取ることもあったので主メンターとは別にバックアップメンターもつけることで新入社員が聞きやすい環境をつくっていました。

さらに、リモートワークが増えている中で何を聞いても良いという特権がありつつも、メンターがどれくらい忙しいのか物理的にも見えない日常の中で聞きづらい環境がどうしても存在してしまいます。それなので、メンター制度とは別になんでも聞いていいよという全員でバックアップ支援するSlackチャネルを用意することで気軽に聞ける環境も用意していました。

メンター制度を実施することで、主戦力メンバーが一定の時間を使うのでチーム総体としての生産性は落ちることが数値としても出ていたそうです。

しかし、同時に長い視点で見たときは生産性の観点でも、離職率という観点でもグローバルの他の地域よりも素晴らしい数値を出していることもわかっています。それなので自信をもってこの仕組みを回しているとのことです。

営業だとどうしてもメンターになったから売り上げ目標を25％下げる、といった対応は難しいのですが、彼が大事にしている挫折感を味わわせない工夫は学ぶところが多かったです。

入社数年後のオンボーディング

環境に適応するというオンボーディングは入社時だけに必要なものではありません。むしろ、会社に慣れてきたときにもリーダーとしてチームメンバーへの対応が必要になることがあります。それは、営業がスランプに陥るときです。

プレッシャーから何も考えられないというケースもあると思います。そんなときには入社時のフレッシュな気持ちをもう一度思い出してもらうこと、原点に戻ってもらうことが効果的です。

その方法は営業として売るとか売らないなどの立場を度外視して大好きなお客様に会いに行くことです。自分たちの製品を愛してくれているお客様が持つパワーは絶大です。ときには営業以上に製品が持つ力を信じて自分の会社を変革しようとしてくれる方々です。原点を思い出させてくれ、話している中で数字をつくるアイデアさえも出てきます。

スランプに陥ったら会いに行くのではなく、四半期に一度はお会いさせて頂く機会をつくっておき、その日を楽しみにしながら仕事をしていくことも大事です。上司であるあなた以上にときにはお客様が力をくれることを覚えておいてください。

よく私も「元気がないなら勇気や力をくれるチャンピオンに会いに行ってこい」とアドバイスしていました。そして、自分にも言い聞かせていました。

数字をつくることや社内の雑事で気が滅入るときには大好きなお客様に会いに行って自分が本来やるべき正しい道を思い出すのです。

営業リーダーには、新しく入ってきたメンバーが環境に適応するためのトレーニング準備と、メンター制度などを含む支援体制の構築。そして、オンボーディングは入社直後だけでなく、スランプ時に再度環境に適用するためのアドバイスも含めて2つ目の重要な仕事に取り組んでいただきたいと思います。

❸

プランニングとフィードバック（数字と個人の成長）

チームメンバーの成長を促すフィードバック

営業マネジメントの3つ目の重要な役割は、プランニングとフィードバックです。営業リーダーの仕事は、突き詰めれば毎四半期の目標達成と言えるでしょう。そのために欠かせないのが、KPIマネジメントやアカウントプランといった営業オペレーションです。

私自身、マネージャー経験を通して、数字だけに囚われずチームメンバーをまとめることの重要性を痛感しました。数字達成のためのKPIマネジメントを含むプランニングについては、後ほど詳しく解説します。

ここでは、チームメンバーの成長を促すフィードバックに焦点を当てましょう。

「結果が全て、後は自分で考えろ」という考え方もあるかもしれませんが、私は共に成長することこそ重要だと考えています。

そこで、日々の業務の3つ目に、個人を成長させるためのフィードバックを据えたいと思います。

効果的なフィードバックには、3つのステップが有効です。

①部下一人ひとりをよく観察すること(仕事の習熟度や関係者の意見も踏まえて)
②具体的にクリアできるステップを設定すること(職位に応じたレベル設定が重要)
③ステップを突破したタイミングで、時間をとって真の力に変換させること

①部下一人ひとりをよく観察すること

効果的なフィードバックを行うためには、まずチームメンバー一人ひとりをよく観察することが重要です。

仕事の習熟度という観点では、そのメンバーが仕事を覚える段階にあるのか、実践する段階なのか、あるいは仕事を委任できる段階にあるのかを見極める必要があります。また、自分の視点だけでなく、共に働くエンジニアやバックオフィスメンバーなど、関係者の意見も参考にすると、より多角的な視点を得ることができ、効果的なフィードバックに繋がります。

②具体的にクリアできるステップを設定すること

チームメンバーの成長を促すには、コーチングとティーチングの両面からのアプローチが重要だと考えています。つまり、全てを教えるのではなく、かといって、一から全てを相手に考えさせるのでもなく、具体的な行動指針を示す「Easy Next Step（簡単な次のステップ）」という手法を用いるようにしていました。

これは、チームメンバーが次に何をすれば良いのかを明確化し、行動を促すための具体的な指示を与えるものです。全部教えてしまっては成長を阻害しますし、逆に、考え続けているだけでは時間がかかってしまいます。そのため、「まずはここから始めてみよう」という最初のステップを提示することが重要になります。

（例）営業イベントを実施する際のEasy Next Step

【仕事を覚える段階】どういったイベントなら多くの人を呼べるか相談するために顧客にアポを取って2週間以内に訪問してみよう。

【具体的な一歩目】誰にアポを取るかを指示し、アクションを開始してもらう。

【実践する段階】イベントの内容、実施日、誰が講演するかの3つをこの2週間で決めて集客開始までたどり着こう。

【具体的な一歩目】3つの決めるべき項目を明確化し、アクションを開始してもらう。

【仕事を委任する段階】グループ会社からの新規売上を狙うためにどういった企画のイベントを実施するか、2週間後に進捗報告と私からの支援ポイントを教えて欲しい。

【具体的な一歩目】イベントの狙いを伝え、任せる。

繰り返しになりますが、メンバーの経験値を見極め、適切な指導を行うことが重要です。チームメンバーが仕事を任せられる段階に達したら、責任感を持って行動してもらえるよう、適切な指示の出し方が重要になります。かつての上司は、私に仕事を任せる際に「どうしようか?」とシンプルな言葉をかけていました。これは一見、ただの質問のようですが、私に責任感と行動を促す魔法の言葉のように感じました。

「どうすれば良いと思う?」といった言い方も考えられますが、重要なのは相手に考えを委ね、意見を引き出すことです。「どうしようか?」という言葉には、コーチングに見られるような、本人の気づきを促す意図が込められていると言えるでしょう。

当時の私は、上司と私の双方が納得できる最適な結果を出すために、この言葉に対して真剣に考え、自分の意見を述べていました。そして、任された仕事は責任を持って最後までやり遂げました。私がマネージャーの立場になってから、この「どうしようか？」をチームメンバーにも使いましたが、後年どのように思ったか聞いたところ、任せてもらえたことを意気に感じて真剣に取り組めたそうです。

もちろん、この「どうしようか？」は、相手が責任を持って仕事を進められるレベルに達していると判断した場合にのみ有効です。

任せることで、更なる成長を促すことができるからです。もし、まだその段階に至っていないと判断した場合は、「Easy Next Step」という考え方を取り入れましょう。メンバーそれぞれの習熟度に合わせた、具体的で実行しやすい次の行動を指示することで、成長を促していく必要があるでしょう。

③ステップを突破したタイミングで、時間をとって真の力に変換させること

Easy Next Stepで最初の一歩を踏み出し、実践と結果を積み重ねることで、本人の中にやり方と自信が育まれていきます。

そして次のステップとして意識したいのは、同様の課題に対し、今度は本人だけで考え、

行動に移せるかどうかです。自ら考え、吸収する時間を与えましょう。このステップを飛ばしてしまうと、真の意味での自立と成長は望めません。

本書を読んでいる方の中には、マネージャーとして転職し、チームメンバーの方が業務に精通しているケースもあるでしょう。そのため、「Easy Next Step」の指示は不要と考える方もいるかもしれません。

しかし、それは誤りです。

私の経験からも、入社後必ず実施してもらうべきなのは、営業プロセス全体（デモ、プレゼン習得、アポ取り、提案、顧客との打ち合わせ、見積書作成、クロージングなど）を自身で経験することです。一連の業務をいち早く理解することが非常に重要となります。チームメンバーも最初は配慮してくれるかもしれませんが、会社の製品や業務オペレーションを知らないマネージャーに、何を相談すれば良いのか戸惑うはずです。

マネージャーが「Easy Next Step」を用いて指示を出せるようになれば、チームからの信頼を得られるだけでなく、営業リーダーとして成長を遂げることができるでしょう。

相手に集中する

フィードバックにおいて最も重要なのは、「相手に集中している」という姿勢を明確に示すことです。当たり前のことのように思えるかもしれませんが、マネージャーという立場では、とかく複数の業務に追われ、打ち合わせ中も他の作業を並行してしまうことが往々にしてあります。

私自身も過去にそのような経験があります。一日中、社内打ち合わせやフィードバック会議が続き、次の顧客打ち合わせの準備が全くできない状況に陥ったことがありました。社内メンバーとのオンラインミーティング中にもかかわらず、資料作成をせざるを得なかったのです。メンバーには事情を説明し、耳は傾けている姿勢を見せつつも、顔も上げずに相槌を打ちながら資料作成を進めてしまいました。

この本を執筆するにあたり、当時失礼な態度をとってしまったメンバーに連絡を取り、当時の心境を率直に尋ねてみました。すると、彼はそのときのことを覚えていてくれただけでなく、私が多忙にもかかわらず打ち合わせの時間を確保しようとしてくれたことに感謝していると気を遣った返信をくれました。

彼の言葉から、自分が担当営業だった頃の上司の行動を思い出しました。打ち合わせ中、上司が他の業務をこなしている際、「話を聞いてくれているのはわかるけれど、今は邪魔をしてはいけない。真剣な相談はまた今度にしよう」と考えていたのです。

そして、もうひとつ思い出したのは、どんなに忙しくても、真剣に時間をつくってくれていないと感じた瞬間に、自分の心が閉ざされてしまう感覚です。「この人に真剣に気持ちを伝えても無駄なのではないか」という、暗い気持ちに陥っていました。

上司の邪魔をしたくない気持ちも、上司への気持ちが閉ざされてしまう気持ちも、最終的には「真剣に相談しよう」という気持ちになれないという、同じ結果をもたらしました。

このような反省から、現在は誤解を与えかねない行動は控えるようにしています。例えば、パソコンでメモを取ると、他の作業をしているような印象を与えてしまうため、ノートに書くようにしました。最近は、ｉＰａｄを活用してノートを取っています。

個人的なキャリア相談

プランニングには、売上目標といった事業的な側面と、個人のキャリアプランという2つの側面があります。特に後者は、英語でＩＤＰ（Individual Development Plan）と呼ばれ、昨今、重要性を増していると言えるでしょう。終身雇用制度が崩壊しつつある現代において、企業人が「現在のキャリアを通して何を学び、どのように成長し、将来どうなりたいのか」を明確にすることは、自身の市場価値を高める上でも極めて重要です。

以前、私がアジア最優秀マネージャーに選出された際、あるアジアのトップから「あなたのチームは退職者が少ない」と褒められたことがあります。それは、私がチームメンバーと個人のキャリアプランについて深く話し合ってきたことと無関係ではないでしょう。具体的には、チームメンバーが将来どうなりたいのか、そのためには会社を退職したほうがいいのか、あるいは別の部署に異動したほうがいいのか、といったことまで踏み込んで話し合ってきました。場合によっては、担当営業の希望を叶えるためには、チームを離れることが本人のキャリアアップに繋がるケースもあるでしょう。そのような場合にも、私は忌憚なく意見を表明し、彼らの成功を心から願い、フィードバックを提供してきました。

もしかすると、このような本音で向き合う姿勢が、結果的に退職者を減らすことに繋がったのかもしれません。

退職者を減らす方法

個人のキャリア相談から話が発展しましたが、営業リーダーにとって退職者を減らすことは非常に重要なので、もう少し掘り下げてみましょう。

シアトルのトレーニングでは、強いチームをつくるためにコアバリューが重要だと学びました。それと並んで印象的だったのが、「社員が退職しない方法」というトレーニングです。Aプレイヤーを引き留めるにはどうすれば良いのか、というセッションでした。

Aプレイヤーが重視するのは、実は「給料」ではありません。もちろんそれも重要ですが、3位に留まります。

2位は「認知」です。Aプレイヤーは常に素晴らしい成果を上げてくれますが、それを当たり前と思わず、感謝の気持ちを伝え続けることが重要です。

そして1位は「機会」です。Aプレイヤーは高い目標を持っているので、それを達成するための機会を提供することが重要なのです。

だからこそ、あえて他部署への転籍なども視野に入れるべきだと考えます。そして、自分のチームでどんなチャレンジの機会を提供できるのかを常に考え続けたことが、結果的にメンバーを引き留めることに繋がると実感しています。

❹

マネジメント（チーム運営）

イニシアチブでチームを動かす

チーム運営、すなわちチーム全員の力を結集し組織全体を動かすマネジメントについてお話ししましょう。ここでは、チームを情熱的に動かすための施策として、２つのアクションを提案します。

まず「イニシアチブでチームを動かす」という点です。チームを情熱的に動かすには、暗黙知をつくるためのコアバリューが重要となります。コアバリューとは、「リーダーの経験に基づき、チームメンバーと共有する心を動かす約束」のことです。このコアバリューをチームに浸透させるために有効なのが「イニシアチブ」です。

例えば、私のチームでは「Top Giver」（惜しみなく与える人）というコアバリューを掲げ、社内の事例を共有財産化するイニシアチブを実施しました。また、「Aim」（狙う）というコアバリューには、競合製品に対抗するためのセミナー企画というイニシアチブを紐づけました。

このように、コアバリューに紐づいた取り組みを現場主導で実施することで、チームは自ずと情熱的に動き出すのです。


重要なのは、コアバリューをリーダーだけの自己満足に終わらせず、現場メンバーがストーリーを紡ぎ出すための具体的なアクションに落とし込むことです。イニシアチブにゲーミフィケーション要素を取り入れ、チーム対抗で競わせるのも効果的です。リーダーが介入せずとも、自律的なチーム運営が実現するでしょう。

さらに、イニシアチブ活動には副次的な効果も期待できます。それは、チームメンバー間のコミュニケーション促進です。イニシアチブ活動を通じて、雑談や相談が生まれ、リモートワーク下では特に貴重な機会となるでしょう。

これらのことから、イニシアチブはチームを活性化させるための強力なツールと言えるでしょう。

ミーティングを効率的に分ける

皆様の会社でも、ミーティングの多さにお悩みではありませんか？

起業して改めて実感したのは、社内での打ち合わせの多さです。議題が多岐に渡ることで長時間に及び、結果として焦点がぼやけてしまうことも少なくありません。

私自身も、チーム運営において同様の課題に直面していました。そこで、ミーティングを目的別に3つに分類することで、大きな成果を上げるに至ったのです。

その方法とは、ミーティングを次のように分類することです。

①情報共有を目的とした会議（毎週）
②営業活動や課題を共有する会議（2週間毎）
③数字の進捗状況を議論する会議（2週間毎）

① インプットする会議（毎週）

毎週開催する「インプット会議」は、リーダーである私が、今週の業務指示や会社からの伝達事項を共有する場です。当初は一方的に会社の方針を伝えるだけの会議になりがちでしたが、最初の10分間をチームメンバーが自由に情報発信する時間にしたところ、非常に効果的でした。

例えば、私が月曜朝の会議で実践していた「今週の遠藤さん」という企画があります。週末に子供と何をしたか、顧客訪問で嬉しかったことなど、業務とは関係のない話もすることで、理解しやすいリーダーとして認識してもらえるようになりました。

この取り組みをチームメンバーにも実施させたところ、それぞれの価値観や個性がわかりやすく共有され、チームビルディングにも繋がりました。東京と大阪という物理的に離れた場所にいるメンバー同士の相互理解を深める良い機会にもなりました。

チームメンバーが8名の場合、順番が回ってくるのは2ヶ月に1回程度です。内容は自由としており、新車の購入、旅行、確定申告、大学時代の研究など、実に多岐に渡る話題が提供されました。

マネージャー主導の会議でありながらも、月曜の朝にチームメンバーからの情報発信というエッセンスを加えることで、バランスの取れた有意義な会議へと進化を遂げました。

②アウトプットする会議（2週間毎）

2週間ごとに開催されるアウトプット会議では、マネージャーも参加しますが、基本的にはチームメンバーが主体となって動きます。成功や失敗の共有を通して、新人メンバーは先輩の成功事例から学び、資料なども共有してもらいます。

例えば、ある営業が競合に打ち勝つためのイベントを企画した場合、他のメンバーに集客の協力を依頼することも可能です。特筆すべきは、競合に敗れた場合でも、現場のリアルな状況を共有することで、会議を実りあるものにするよう努めている点です。

会議は、現場主体で運営するため、司会も営業担当者が持ち回りで務めます。チームメンバーは、試行錯誤しながら取り組んだ2週間分の活動内容を共有することで、次のインプット会議で営業マネージャーは戦略修正の材料を得られます。

また、メンバーはこの会議でチーム全体に自身の活動を共有するため、良い意味でのプレッシャーとなり、常に本質的な活動へと意識が向けられ、結果として素晴らしい成果に繋がっています。実際、ある営業メンバーからは「このアウトプット会議こそが遠藤さんチームの真髄を表す、最も好きな会議だ」という声も挙がっています。

③フォーキャスト会議（2週間毎）

フォーキャスト会議は、1対1で実施することで心理的安全を確保し、数字へのアクションに集中して議論できるため、成果に繋がりやすいと考えています。実施頻度については、企業や製品によって異なるものの、毎週のように微修正を繰り返すのではなく、2週間毎にじっくりと進捗を確認するほうが効果的だと感じています。ただし、入社後3ヶ月間のメンバーに対しては、数字以外の相談も含めて毎週実施していました。

このフォーキャスト会議は、数字という重要なテーマを心理的安全を確保した上で議論する場であるため、活動が滞っている場合にプライベートな理由を打ち明けられるなど、上司と部下という立場を超えた信頼関係を築く機会にもなっていました。

営業リーダーの業務は多岐にわたります。ハイアリング（人材採用）、オンボーディング（環境への適用）、プランニングとフィードバック（数字と個人の成長）、マネジメント（チーム運営の仕組）と本当に日々の活動でやることはいっぱいです。

これらの業務はどれも重要ですが、闇雲に全てを実践しようとしてはいけません。現場の負担が増え、逆効果になりかねないからです。

特に、数字に追われたマネージャーが、上長への報告を意識して、形だけの新しい取り組みを始めるケースは少なくありません。しかし、このような行動は状況を悪化させる可能性もあるため、注意が必要です。むしろ既存の取り組みを減らし、現場の負担を軽減する方向で検討すべきでしょう。

私自身も、先輩マネージャーから同様のアドバイスを受け、常に心に留めています。皆さんもぜひこの点を踏まえ、自身のチームにとって最適な方法で業務に取り組んでみてください。

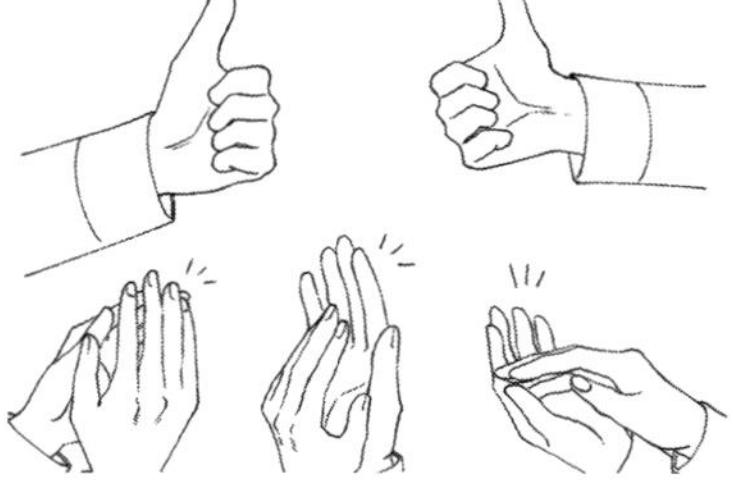

第4章

KPIマネジメントと案件管理

四半期ごとに営業目標を達成する

私の持論ですが、営業リーダーの役割は「四半期ごとの目標を達成し、継続的に安定した成果を上げる体制を構築すること」に尽きると思います。本章では、そのためのスキルとプロセスについて解説していきます。

昨今、「営業ＤＸ」や「営業の科学的アプローチ」といった言葉が飛び交っていますが、この20年間で大きく進歩したのは、ＩＴを活用した営業の効率化や仕組み化であることは間違いありません。

個人の好みはさておき、営業リーダーとして、この手法を習得しているかどうかは非常に重要です。私は企業支援を行う中で、優秀な営業リーダーとそうでないリーダーの違いは、一定の頻度で数値に基づいたＰＤＣＡサイクルを回せているかどうかにあると感じます。経験と勘だけに頼っていては、安定した営業成績は望めません。営業リーダーのプロフェッショナルを目指すのであれば、一定のリズムでオペレーションを実行していく必要があります。

偉そうなことを言っていますが、私自身も営業リーダーに就任した当初は、営業オペレーションの重要性をまったく理解していませんでした。当時も営業支援システムはありましたが、私はその真価を理解せず、スプレッドシートでの案件管理やマイクロマネジメントに終始していました。毎週のように全員参加の営業会議を行い、強い言葉でチームメンバーのモチベーションを下げていたことを反省しています。恐怖政治によって無理やり集めた情報で臨む役員との会議では、「第4四半期に大型案件を受注できるので、年間目標は達成できます」といった曖昧な発言を繰り返していました。根拠のない精神論に頼ったコミットメントをしていたのです。

そんな私に、役員がよく投げかけていた言葉が「ローズグラスになっていないか?」というフレーズです。直訳すると「バラ色の眼鏡」ですが、顧客の根拠のない発言を鵜呑みにし、楽観的な見通しを立てていませんかという意味です。

実際、第4四半期の大型案件受注についても、確たる根拠があったわけではありません。恥ずかしながら、マネージャーになって初めてBANT（「Budget：予算」「Authority：

決済権」「Needs：需要」「Time frame：導入時期」の頭文字をとった略語）という概念を学び、チーム全体で共通言語として活用することで、顧客から必要な情報を引き出し、確実な数字を積み上げていくことの重要性を痛感しました。

データ分析とＩＴ活用

その後、転職を機にデータ分析という新たな武器を手に入れた私は、ＩＴの進化に驚愕しました。営業活動においてＩＴはもはや虚構や気休めではなく、確実な数字を生み出すための強力なツールへと進化を遂げていたのです。ＩＴは、営業担当者にとっては数字達成を後押しする存在となり、営業マネージャーにとっては、目標達成を確実なものとするための武器となったのです。

具体例として、Salesforce社の中小企業を担当する営業チームの取り組みを紹介します。

彼らは、顧客への電話時間をＳＦＡ（営業支援システム：Sales Force Automation）に逐一記録し、どの時間帯に繋がりやすいか、成約に繋がったのかをデータ化しました。その結果、月曜日の朝は会議などで多忙な顧客が多く、電話が繋がりにくいという事実が明確になりました。これは想像通りではありますが、データによって裏付けられたと言えるでしょう。

逆に、顧客に繋がりやすい時間帯や、成約に繋がりやすい時間帯もデータから見えてきました。そこで、通話率に応じて業務内容を決定し、効率的に行動していたのです。例えば、月曜日の朝はメール作成や見積作成、10時〜12時は既存顧客へのフォロー、14時〜17時は新規顧客への電話といった具合です。これは、限られた時間を経験や勘ではなく、データに基づいて有効活用した素晴らしい例と言えるでしょう。

データは、日々の営業活動だけでなく、経験と勘に頼った「えいや！」で売上予測をするような営業スタイルにも変革をもたらします。データに基づいた正確な数字を読むスキルこそが、これからの営業には不可欠なのです。

この章の冒頭で述べたように、営業リーダーの役割は「四半期ごとの目標達成と、揺るぎない数字の継続的な創出」であると私は考えています。そして、データとの出会いが、この信念を確信へと変えたのです。

揺るぎない数字を継続的に創出するためのスキルとプロセスについて次で詳しく解説していきます。

再現性の高いプロセスをつくる

営業リーダーは、数字の落ち込みに焦って場当たり的なテコ入れをするのではなく、現場の負担を軽減しながら安定した成果を出すことに注力すべきです。

そのために重要なのは、再現性の高い年間プランを策定し、四半期ごとに具体的な行動計画を立て、チーム全体で共有することです。四半期目標達成に向けた道筋を明確化し、メンバーが迷いなく行動できる環境を整えましょう。

次の図では四半期の3ケ月をMonth1（M1）、Month2（M2）、Month3（M3）に分けています。

まず、M1のWeek1で、四半期ビジネスレビュー（QBR：Quarterly Business Review）を実施します。ここでは、各メンバーがこの四半期のゲームプランを発表し、目標達成への戦略を共有します。

続くWeek2では、営業リーダーが、自身のチームの四半期ゲームプランを営業責任者

(最重要)年間を通して一貫したオペレーションをつくる

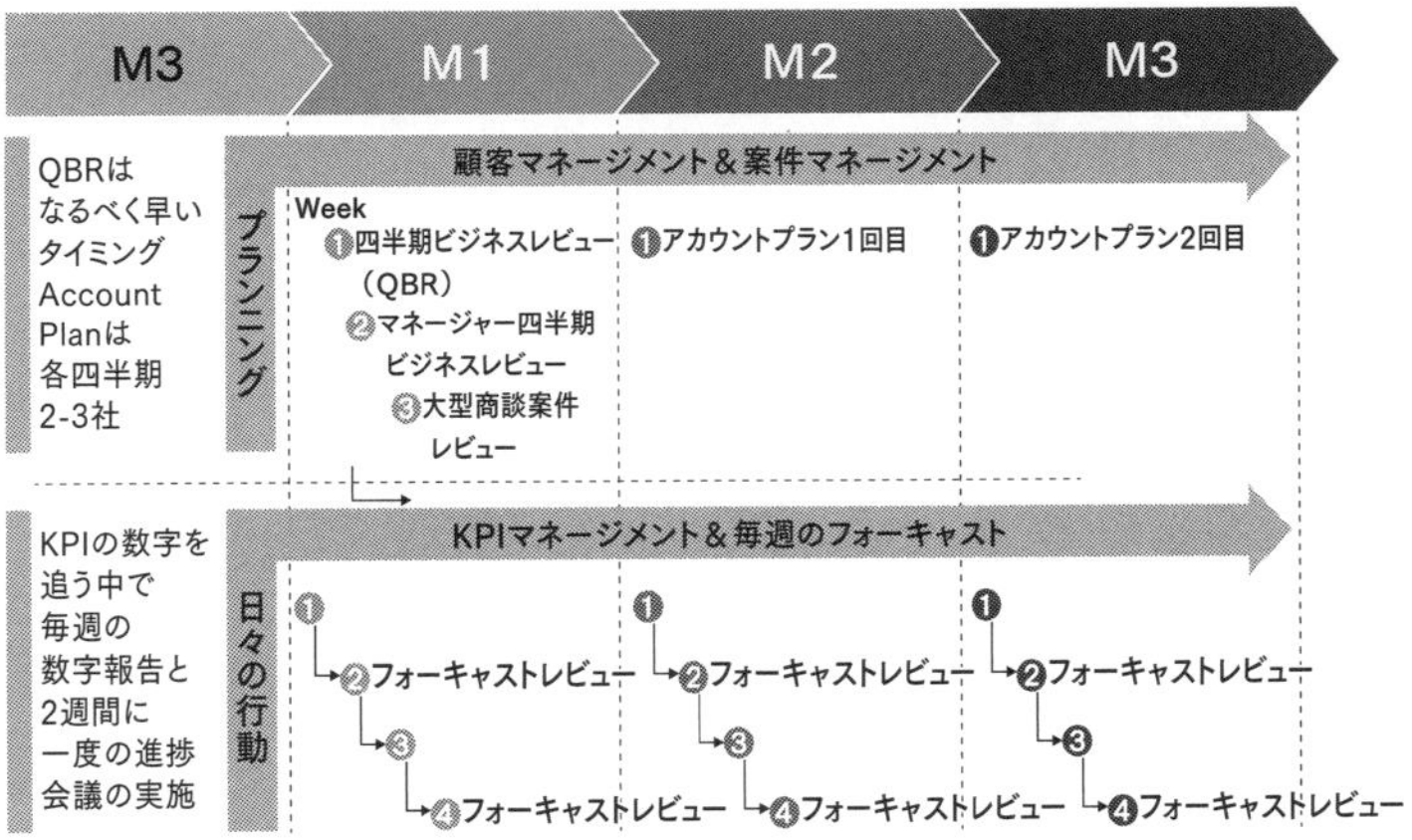

や社長などの経営層に提示します。このレビューでは、特に重要な大型商談がピックアップされ、Week3には、その進捗状況や成功に向けた戦略を深掘りする大型商談案件レビューを実施します。

初月であるM1に大型案件レビューを実施し、早期の案件受注に向けたアクションを明確化します。

言うまでもなく、M3の終盤に営業役員や社長が顧客に頭を下げて懇願したところで、案件が確定する見込みは薄いでしょう。

重要なのは、M1の段階でこの商談を獲得するために、会社としてどのような施策を実行するかを決定することです。

続くM2では、各担当営業がアサインされた重要顧客の顧客攻略プランを策定し、M3のWeek1には別の顧客の顧客攻略プランへと移行します。

日々の営業活動においては、常にデータを意識したKPIマネジメントを実践することで、経験や勘に頼らずデータに基づいた活動を実現します。

さらに、今期の目標達成度合いを可視化するため、毎週フォーキャスト（予測）を提出することを義務付けます。提出された数値と、目標達成に向けたアクションプランを精査するため、チームメンバーとの個別営業会議を2週間に1回のペースで実施していきます。四半期ごとに業務内容や順番が変動してしまうと、ただでさえ業務量の多い現場に混乱が生じ、負担が増加し、最終的に成果に繋がらないという事態に陥りかねません。一貫性を持った運営を心がけましょう。

ここまで読み進めてくださった方の中には、営業リーダーになったばかりの方や、ITツールを用いた営業オペレーションに不慣れな方もいらっしゃるでしょう。そのため、本章を読み飛ばしたいと感じた方もいるかもしれません。

「自分は営業成績が良いから、このようなことをしなくても成果を上げられる」と考える方もいるかもしれません。

しかし、好業績の維持は容易ではありません。必ず苦境に立たされるときがきます。その際、適切な業務プロセスを踏んでいれば、振り返りを通して状況を打開できます。反対に、現状分析もせずに闇雲に業務を行っていると、行き詰まってしまうでしょう。

この章では、私自身の失敗経験も交えながら解説しますので、「自分ならどうするか」という視点で、読み進めてください。

KPIマネジメント

毎年夏の訪れとともに、子供とプールに行くという目標を胸にダイエットに励んでいます。今年も例外なく、春の兆しが見え始める3月前半から始動しました。

まず最初に立ちはだかる壁は、現実を突きつける体重測定です。目を背けたくなる数字と向き合い、目標体重（ＫＧＩ）達成への道のりを再確認します。目標体重に対して、どういった手段を使って痩せるのか、いわゆるＫＳＦ（Key Success Factor：主要成功要因）がなにかを考えます。

私の場合は、運動、食事、睡眠の3本柱です。そして、これらの要素を数値化し、日々の行動目標として設定するのがＫＰＩ（重要業績評価指標）です。具体的には、週の運動回数、毎食の摂取カロリー、睡眠時間などを細かく設定し、日々の体重測定と併せて進捗を管理しています。ダイエットにおいて重要性を増しているのが可視化です。睡眠時間をスマートウオッチで記録しグラフで分かりやすく可視化していきます。

このように、日々の努力（ＫＰＩ）を可視化し、その推移を分析することで、選択した手段（ＫＳＦ）が目標達成に繋がるのかどうかを判断できるのです。結果にこだわるからこそ、このプロセスが欠かせません。

この考え方は、営業リーダーが取り組むＫＰＩマネジメントにも通じます。最終的な目標である売上目標（ＫＧＩ）を達成するために、まずは最も寄与する要因（ＫＳＦ）を特定します。そして、ＫＳＦ達成に向けた具体的な行動を数値化したものがＫＰＩとなるのです。

当時、ＫＰＩはダッシュボードという管理ツールで可視化されていましたが、その中でも特に秀逸だったＫＰＩについて解説しましょう。

まず見ていたのが売上の達成率（製品／サービス）、パイプラインの合計（製品／サービス）です。

ＩＴ業界では、パイプラインが目標の3倍あれば、その四半期の目標達成の可能性が高まると言われています。

さらに、直販とパートナー経由の売上比率を「パートナーパフォーマンス」として可視化していました。

次に活動量です。

例えば、「週の架電件数」「顧客訪問件数」「新規案件創出件数」「累計案件金額」などが挙げられます。これらのKPIは全て目標値が設定されています。

これらを可視化することで、目標達成状況が一目で判断できるようになるのです。

私が以前勤めていた会社では、「顧客訪問件数」に加えて、「デモ実施件数」を主要成功要因（KSF）としていました。特に初回訪問時には、積極的にデモを実施するようにしていました。なぜなら、提案する製品が他社の商品と大差ないと誤解されるケースが多々見受けられたからです。

また、当時の主力製品は、顧客にとって必須のものではなく、「Nice to Have」と呼ばれるような、無くても困らないが、あれば便利な製品という位置付けでした。そのため、顧客自身も気づいていない潜在ニーズを掘り起こし、製品の真価を理解してもらうために、デモの実施が非常に重要だと考えていました。

実際、データ分析の結果からも、デモの実施件数が売上と強い相関関係にあることが明らかになっており、「週のデモ実施件数」もKPI管理の重要な指標としていました。

可視化する

ダイエットの例で示したように、スマートウォッチによる可視化は、ビジネスシーンにおいても有効です。重要なのは、常に意識できる場所に目標や進捗を「見える化」することなのです。

以前私は、ダッシュボードやメンバーの売上ランキングを毎朝メールで自動送信する仕組みを導入していました。私が担当営業だった当時、アジア全体でも営業担当者は数十名程度でしたが、着目していたのは日本国内の達成率ではなく、アジア全体の営業マンと競争するという意識でした。これは、毎日目に触れる場所にダッシュボードがあったからこそ生まれた意識と言えるでしょう。

可視化のメリットは他にもあります。

例えば、営業活動においてはつい製品の売上ばかりに目が行きがちですが、私の場合、注力すべきはトレーニングを含むサービスの数字でもありました。この点も、可視化して毎日確認することで、意識を高く保つことができたのです。

営業活動における数字づくりは、その四半期限りで完結するものではありません。むしろ、今期の達成が見えてきた段階で、次の四半期のパイプライン構築を意識していくことが重要となります。可視化は、こうした長期的な視点を持つ上でも役立ちます。

毎朝の自動メールによって実現できたのは、「数字を見る習慣」です。

「数日前から甘いものを控えている気がするから、今日は食べても大丈夫だろう」といった曖昧な感覚ではなく、日々の生活の中で常にデータを見る習慣を身につけることで、ダイエットの成功に近づくように、営業活動においても成功へと導かれるのです。

KPIマネジメントの肝

KPIマネジメントの重要性はご理解いただけたと思いますが、営業現場で成功を収めるには、2つの重要なポイントを押さえる必要があります。

1つ目は、「不足部分を明確化すること」です。

現場の営業メンバーは、設定されたKPI達成に向けて邁進してくれるでしょう。しかし、営業リーダーは異なる視点を持つべきです。

行動量が不足している場合、なぜ週5件のデモ実施に至らないのか、割り当てた営業区域に問題はないか、アポイント獲得のための電話対応に改善点はないか、そもそもアプローチ材料が不明瞭で行動に移せていないのではないか、など、様々な角度から原因を分析し、具体的な対策を講じる必要があります。

2つ目は、「売上につながる主要成功要因（KSF）を常に模索すること」です。

ＫＰＩマネジメントでは、重要と判断した指標を管理しますが、現状の指標が本当に適切なのか、常に問い直す姿勢が大切です。固定観念にとらわれ、数字達成のみを追求すると、チーム全体を誤った方向に導いてしまう可能性もはらんでいます。ビジネスの状況に応じて、管理するＫＰＩは変化しうるものです。

ダイエットで言えば、減量という目標に対して、運動、食事、睡眠はＫＳＦとして重要でしたが、これら以外にＫＳＦは存在しないのでしょうか？　年齢を重ね、ダイエットに失敗し続ける私自身の経験から、新たにエステなどの科学的なアプローチ（ＫＳＦ）を取り入れることで体内深部から新陳代謝を促し、脂肪の燃焼を活発にすることも探るべきかもしれません。

ビジネスにおいても重要なのは、売上達成（ＫＧＩ）に繋がる主要成功要因（ＫＳＦ）を見極め、仮説検証を繰り返しながら、ＫＰＩ自体も柔軟に見直していくことなのです。

私が以前所属していた会社では、サブスクリプション型の製品を扱っていました。最小契約金額が小さいため、毎年契約更新を前提としたビジネスモデルを採用し、リカーリングレベニューによって売上を拡大していく戦略です。

このビジネスモデルにおいて最も避けなければならないのが「解約」、つまりチャーンです。解約に関するデータ分析を行った結果、驚くべき事実が判明しました。なんと、製品を1本のみ契約している企業の解約率が非常に高い傾向が見られたのです。

そこで、1本のみ契約している顧客に解約理由を直接ヒアリング調査してみました。「分析用の製品を購入したものの、使いこなせなかった」というシンプルな回答を得たのですが、さらに深掘りして理由を探ってみました。

すると、データサイエンティストではない現場担当者が分析業務を任されることに、様々な不安を感じていたことがわかりました。

特に、会社で1本しか製品を購入していない場合は、相談できる相手がおらず、孤立してしまうことが大きな要因となっていたのです。結果として、誰にも相談できずに諦めてしまい、解約に至るケースが多く見られました。

また、仮に1人で分析を完遂できたとしても、周囲に共有し、巻き込んでいくような動きには繋がりにくい傾向がありました。その結果、「効果が出ない」と判断され、解約を選択してしまうケースも少なくなかったのです。

一方、2本以上製品を購入している企業では、わからないことがあれば互いに相談し合いながら課題を克服できるため、分析がスムーズに進んでいる傾向がありました。さらに、分析結果を共有することで、社内に活用の輪が広がり、新たな発見や効果にも繋がっていたのです。

このことから、最初の販売時に製品を1本のみで販売するのではなく、2本以上をセットで販売することの重要性を認識しました。2本以上であれば、解約率の抑制に繋がるだけでなく、さらなる追加契約の可能性も高まります。

1本のみの購入を希望する顧客に対しては、データに基づいた分析カルチャーの重要性を積極的に訴求するようにしました。たとえ小さな投資であっても、1本のみの購入では無駄になってしまう可能性が高いという事実を伝え、2本以上の購入を推奨していきました。

営業リーダーがKSFを探し続け、見つけた他の例も紹介します。

営業戦略で重視すべき指標として、初期購入時の平均顧客単価（AOS）があります。従来は個人単位での提案が中心でしたが、データ分析のニーズは個人に留まらず、部門全体に広がりを見せています。そこで、部門単位での利用を前提とした提案へと視野を広げることが重要となりました。

個人向けの分析製品の場合、1契約あたりの年間売上は約10万円ですが、部門全体でデータを共有・活用するためには、ダッシュボード可視化ツールなど、別の製品との組み合わせが不可欠です。この場合、AOSは100万円を超える規模となります。

AOSが100万円を下回る提案は、分析結果を共有するためのツールが含まれていない可能性が高く、顧客にとって「誰も見ないシステム」になってしまうリスクを抱えています。顧客にとって初期投資額は10万円から100万円へと跳ね上がりますが、10万円の投資では本来目指すべきデータ活用を実現できない可能性が高いのです。

もちろん、高額な提案が必ずしも成功するとは限りません。しかし、AOSを意識した提案を行うことこそが、将来的な売上（KGI）に大きな影響を与える重要なKSFと言えるでしょう。

ＫＳＦを探す重要性の認識

入社早々、ＫＳＦを探す重要性に衝撃を受けた出来事がありました。

中小企業担当チームのゴールが、なんと四半期の売上ではなく新規顧客獲得数（New Logo）だったのです。

もちろん、最終的な目標は売上ですが、当時のデータ分析で、中小企業営業においては初期段階で売上よりも顧客獲得を優先し、まずは１本でも多くのライセンス導入を実現することが、結果として生涯売上（ＬＴＶ）の最大化に繋がると判明していたのです（後に、2本以上の販売が重要であるというデータも得られました）。

外資系企業では、営業の役割が効率重視で細分化されているケースが多く見られます。初期導入専門の営業であれば、成約後には顧客を別の担当者に引き継がなければなりません。この場合、売上目標を達成するために、最初の販売機会を最大限活かそうと、トライアルの無償提供を続け、案件を可能な限り大きくしてから顧客を引き渡す、という行動が往々にして起こり得ます。

しかし、Land & Expand戦略を採用していた私がいたタブロー社では、1件でも多くの新規顧客に導入（Land）してもらうことで、顧客自身が製品価値を実感し、すぐに拡張（Expand）してくれるという確信がありました。

短期的な売上目標にとらわれず、あえて新規顧客数（New Logo）をゴールに設定することで、1件の成約を重視し、長期的な視点で売上最大化を目指していたのです。その後、中小企業担当チームにおいても、新規顧客数は最終目標（ＫＧＩ）ではなく重要なＫＳＦという位置付けに変化しましたが、私が退社するまでその重要性は揺るぎませんでした。

「あなたの会社において、最終目標である売上（ＫＧＩ）に繋がる重要な主要成功要因（ＫＳＦ）は何でしょうか？」

この問いに対する答えを常に模索することが重要です。

私が行うワークショップでも参加者に考えてもらっていますが、その場で明確な答えが出ることは稀です。日頃からデータを注視し、分析する過程で初めて気づくことができるのです。

私が尊敬する顧客企業の役員が、講演の中で「データウォッチ」という言葉を紹介していました。この言葉を社内に浸透させ、全員で日々データと向き合うことで、わずかな変化にも気づくことができ、そこにこそ会社を変革するＫＳＦが隠されていると、彼女は説いていました。

ＫＰＩマネジメントをまだ導入していない会社においては、そもそもデータがないのでＫＳＦが不明という会社もあると思います。その際には売れている営業メンバー数名の行動を一定期間見ていきましょう。

彼らが売り上げをあげるために無意識的にやっている行動に共通点が見えてくるケースがあります。それがＫＳＦの可能性が高いので、その後データも活用しながら実証を繰り返していく中で何を数値として見ればよいかもわかっていきます。

KPIマネジメントの陥る罠　その1

ＫＰＩマネジメントは、高い効果があるにもかかわらず、成功事例が少ないのは何故でしょうか？

実体験から、そこには大きな落とし穴が潜んでいると感じています。そこで、ワークショップでは「ＫＰＩマネジメント成功の大前提を見落としていませんか？」と問いかけています。

成功の大前提、それは現場のチームメンバー自身にデータを入力させる挑戦です。マネジメント層向けのデータ活用に関するワークショップでも、この課題に関する質問が後を絶ちません。「現場が動いてくれない」「データの質が低い」「強く言えない」といった声があります。

私自身はこの挑戦に対し、3つの施策を実行してきました。

① データの衝撃と効果でメリットを実感させる

現場の営業担当者は、ただ強制されて、KPIマネジメントの名の下に数字だけを追わされる状況に置かれれば、モチベーションが低下してしまうのは想像に難くありません。データ分析を活用し、彼らが自身の売上向上を実感できるような仕組みを構築することが重要と言えるでしょう。

具体的な例として、マーケティングオートメーション（MA）と連携したリード（見込み客）の創出です。

リードには、Webサイトへの訪問、展示会への参加、資料ダウンロードなど、様々な種類が存在します。Webサイトを一度訪問しただけでは購買意欲は低いと判断され、リードは変化しません。

しかし、例えば顧客がトライアル版をダウンロードした場合、これは製品を実際に使用する意思表示であり、顧客の行動としては最も購買意欲が高いと言えるでしょう。

MAはこの行動を感知し、リードのステージを「プライムドリード（優先見込み客）」へと自動的に格上げします。これは、営業担当者にとって最も重要なリードであることを示しています。

プライムドリードになったとしても、可視化されていなければ営業担当者には伝わりません。しかし、MAの情報はダッシュボードにも連携して表示されるため、何件がプライムドリードなのかが一目でわかります。

プライムドリードは、顧客がトライアルやホワイトペーパーの複数回ダウンロードなど、購買可能性の高い行動をとった際に移行するステージです。そのため、24時間以内に顧客にアプローチすることを営業担当者に義務づけているのです。

CRM情報では、顧客がいつどのホワイトペーパーを閲覧し、いつトライアルをダウンロードしたのかといったことがわかります。ダウンロードされたホワイトペーパーから顧客の課題感や潜在ニーズを分析し、それを踏まえて電話をかければ、不快感を与えない自然な会話からアポイントを獲得できるはずです。

私も営業担当者として経験しましたが、プライムドリードへの架電は、他の活動と比べて圧倒的に成約率が高く、データの力に感動さえしました。

特筆すべきは、このプライムドリードが、各営業担当者ごとに紐づけられて配信される点です。つまり、その後の対応は、担当営業個人の責任において行われることになります。データの力を活用した顧客への架電対応の結果をしっかりSFAに入力することで、現場が営業対応したこともわかり、全てが繋がっていくような仕組みになっているのです。

しかし、勘違いしてはいけないのは、営業担当者個人に紐づいているとはいえ、これはあくまでも会社全体の資産であるということです。マーケティングチームが、広告掲載をはじめとする様々な施策を展開した結果として、獲得できた貴重なリードなのです。この資産を有効活用するも、あるいは放置して腐らせてしまうも、営業担当者次第です。

放置されたプライムドリードは、まさに宝の持ち腐れであり、会社の損失に繋がります。あまりに対応が遅い営業には別の営業に担当変更しても文句は言えないよと伝えていました。

ここではリード創出の例を記載しましたが、各社に合わせて現場のメリットとなる仕組みを必ずセットで導入することが大事です。

② リーダーがデータを使っていることを示す

営業メンバーのデータ活用を促進するには、リーダー自らが率先してデータ分析を実践し、その成果をチームに共有することが重要です。

例えば、ＫＰＩマネジメントの指標を単に見るだけでなく、そこからＫＳＦを分析し、具体的なフィードバックを行うことが有効となります。私自身も、毎週月曜日の会議で、チームメンバーが入力したデータに基づき、現在の活動量やパイプラインの状況、そこから読み取れる示唆を共有しています。

このように、データに基づいた具体的な行動を示すことで、チームメンバーのデータ活用に対する意識は大きく変わります。会社が提供するダッシュボードだけでなく、私が重要だと考えるＫＳＦを可視化したダッシュボードを作成して共有したところ、大きな反響がありました。

データに基づいたマネジメントを行う上で重要なのは、「先週何件客先訪問した？」といった、データを見ればわかるような質問をしないことです。このような質問は、現場のデータ入力に対するモチベーションを低下させ、データに基づいた営業活動の阻害要因になりかねません。

③ 行動を起こす材料づくりとゲーミフィケーション

現場のデータ活用を成功に導くには、行動を促す具体的な材料が必要です。

「ＫＰＩ達成のために週10件の顧客アポイント」といった指示は容易ですが、重要なのは、達成できない理由を突き止め、行動を後押しする仕掛けをつくることです。

例えば、営業リーダーが顧客を惹きつけるイベントを企画したり、ゲーミフィケーションを取り入れて、チーム全体でアポイント獲得数を競い合うなど、楽しみながら目標達成を目指せる環境づくりが有効です。

これらの試みを通じて、営業はデータ活用の意義を真に理解し、指示待ちではなく、自ら考え行動する主体的な姿勢を育むことができるでしょう。

KPIマネジメントの陥る罠　その2

現場がデータ活用を積極的に推進するために有効な3つの施策をご紹介しました。

ワークショップでは参加者に対して、さらに「何か大切なことを忘れていませんか？」と問いかけました。これは、私の過去の失敗経験から、皆様にぜひ意識していただきたい点です。

データハラスメント

KPIマネジメントにおいては、もう一つ注意すべき落とし穴があります。それは、リーダーが知らず知らずのうちにパワハラをしてしまうことです。

私は、データと結びついたこの問題を「データハラスメント」と呼んで警鐘を鳴らしてきました。まだ一般的ではない言葉かもしれませんが、その意図するところはご理解いただけるでしょう。

データを用いることで、チームメンバーにプレッシャーを与え、場合によっては恐怖心すら抱かせてしまう可能性があるのです。売上順位、パイプラインの総量、週の訪問件数など、あらゆるデータが可視化されることで、未達の数字が露骨に晒され、非常に冷たい印象を与えかねません。使い方次第では、容易にデータハラスメントに繋がる恐れがあると言えるでしょう。

では、データハラスメントを防ぐためには、どのような対策を講じれば良いのでしょうか。最も重要なのは、マネージャー自身がデータに対する考え方をチーム全体と共有し続けることです。

具体的に言うと、チーム発足時には、私のマネジメントスタイルである「究極の性善説」を共有するようにしていました。これは、チームメンバーは本質的に善であり、売上目標達成に向けて常に前向きに行動していると信じているという意味です。

例えば、週10件の顧客訪問が目標とした場合、もしメンバーが7件しか訪問できていなくても、私はサボっているとは思いません。何かしらの理由で訪問できない状況なのだと理解しようと努めます。そして、営業リーダーも巻き込み、共にその状況を打開していく必要があると捉えていました。

裏を返せば、私はメンバーが私の顔色を伺い、実際には訪問していないにもかかわらず、SFAに虚偽の訪問記録を入力するようなことはないと信じていました。

もし、虚偽報告によって毎週10件の訪問が達成されていても売上目標が未達の場合、問題の本質を見誤ることになりかねません。メンバーを正しく支援したいと思うからこそ、私はチームメンバーに対して「性善説」を貫くようにしています。

さらに、データへの捉え方と合わせて、チームには数字に対する意識、すなわち「ハイスタンダード」を常に意識づけるように促していました。

強いチームをつくるには、コアバリューの構築が不可欠です。私はその最後の項目に「ハイスタンダード」（高い基準）を掲げ、チームの暗黙知として根づかせ、成熟した営業チームとして守っていくべき重要な価値観として認識させていました。

営業リーダーとして、数字に基づいた管理は当然の責務ですが、日々の活動の大変さは私も理解しています。だからこそ、キックオフの場では、数字の重要性を自身の経験も交えながら熱く語りかけ、データハラスメントとは一線を画した「ハイスタンダード」を維持するチーム運営を心掛けてきました。

四半期レビュー

KPIマネジメント習得後、年間プランに沿って進捗を確認していく中で、まずWeek1に実施すべきは四半期レビュー、外資系企業ではQBRと呼ばれるもので、これをM1のWeek 1に行うことが肝要となります。

ここで四半期のゲームプランを提示しますが、マネージャーとして最初に注力すべきはフォーマット作成です。フォーマットが毎回異なると現場の営業担当者の負担が増加してしまうため、可能な限り統一することが望ましいです。

もし、自社でダッシュボードを用いて売上やパイプラインなど、現状のスナップショットを可視化しているのであれば、それをフォーマットとして活用するのが良いでしょう。その上で、考察を追記していく形式が理想的と言えます。

営業マネージャーとして確認すべき点、私が特に重視していたのは、

（最重要）年間を通して一貫したオペレーションをつくる

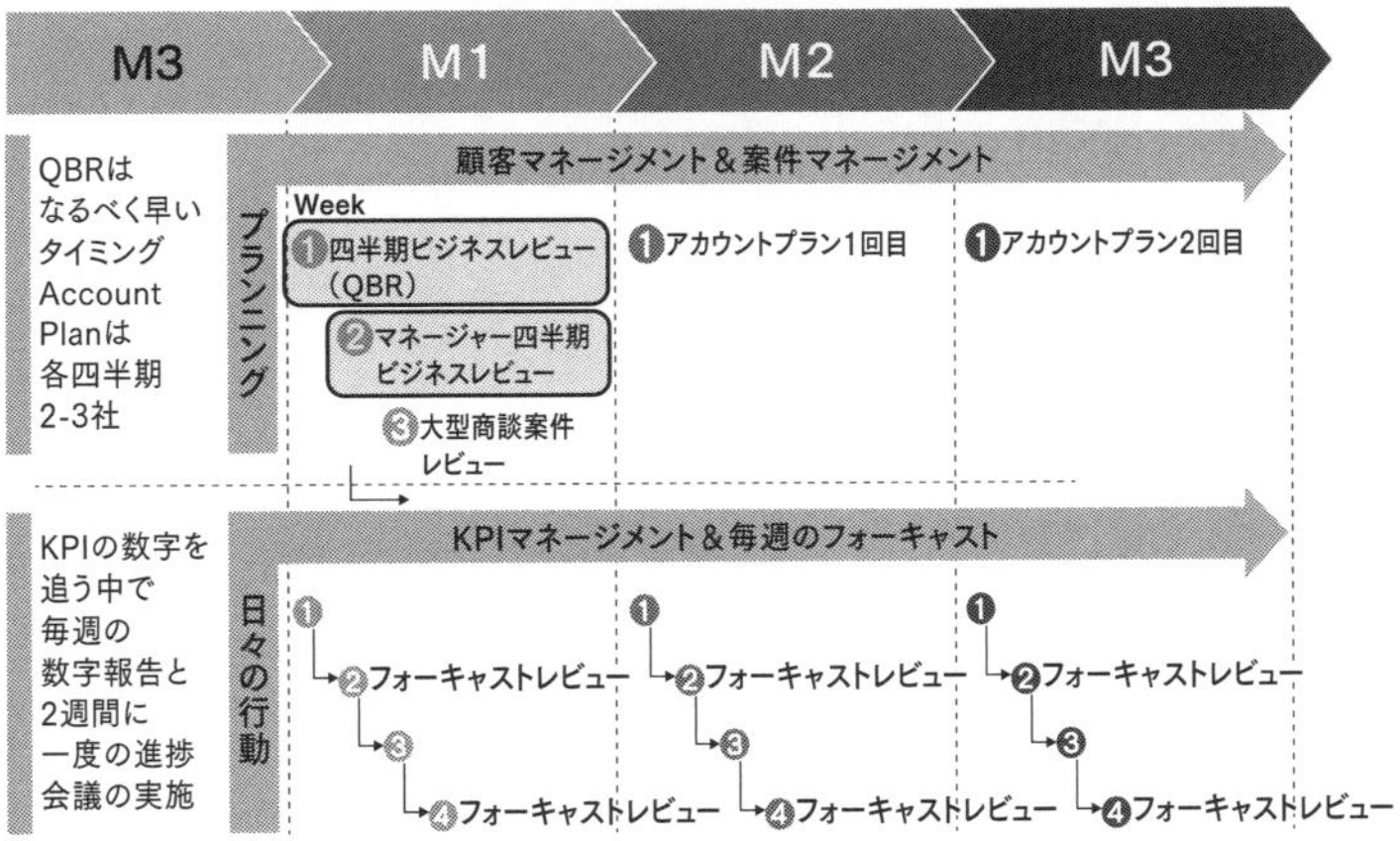

①当該四半期における達成可能なゲームプランであるか
②当該四半期のみならず、次四半期のパイプラインも見据えた活動ができているか
③ゲームプラン達成にあたって必要な支援は何か

の3点です。

開催方法

四半期レビューを現場の営業にとっても意味があるものにするために、何が一緒に出来るかという姿勢で臨むことが大事です。

例えば、チーム全体で参加し、発表内

容を共有しながら相互にアドバイスや参考意見を出し合う形式も有効でしょう。ただし、チーム規模が大きくなると、受動的な聴講姿勢に陥りやすく、集中力が切れてしまう可能性も。それを避けるため、ベテランと若手を組み合わせた少人数グループに分けて会議を実施するなどの工夫も有効と考えられます。

この四半期レビューで策定されたアクションプランは、後述する2週間ごとのフォーキャスト会議を通じて進捗管理を行い、目標達成を目指します。

具体的なスケジュールとしては、M1のWeek1に担当営業と営業マネージャーがレビューを実施。Week2には、営業マネージャーが社長や事業責任者といった経営層に対し、事業計画を発表する機会を設けます。この場では、会社への必要支援要請と併せて、四半期目標達成に不可欠な大型商談の選定も行います。

大型商談案件レビュー

今期の目標達成に向けた重要なステップとして、大型商談案件レビューがあります。まずはWeek1で担当営業とマネージャーが行い、Week2ではマネージャーが社長／営業責任者を交えて今期のゲームプランを共有し、認識を合わせます。そしてWeek3に実施されるのがこのレビューです。

多くの企業にとって四半期の目標達成は、この大型案件の受注にかかっていると言えるでしょう。まさに、企業の運命を左右すると言っても過言ではない、重要なレビュープロセスなのです。

別フォーマットを用意しない

まず重要なのは、この案件レビューに関しても、現場への負荷を最小限に抑え、日々の営業オペレーションを最大限に活かすため、別フォーマットは用意せず、既存のSFA（営業支援ツール）を活用します。

年間を通して一貫したオペレーションをつくる

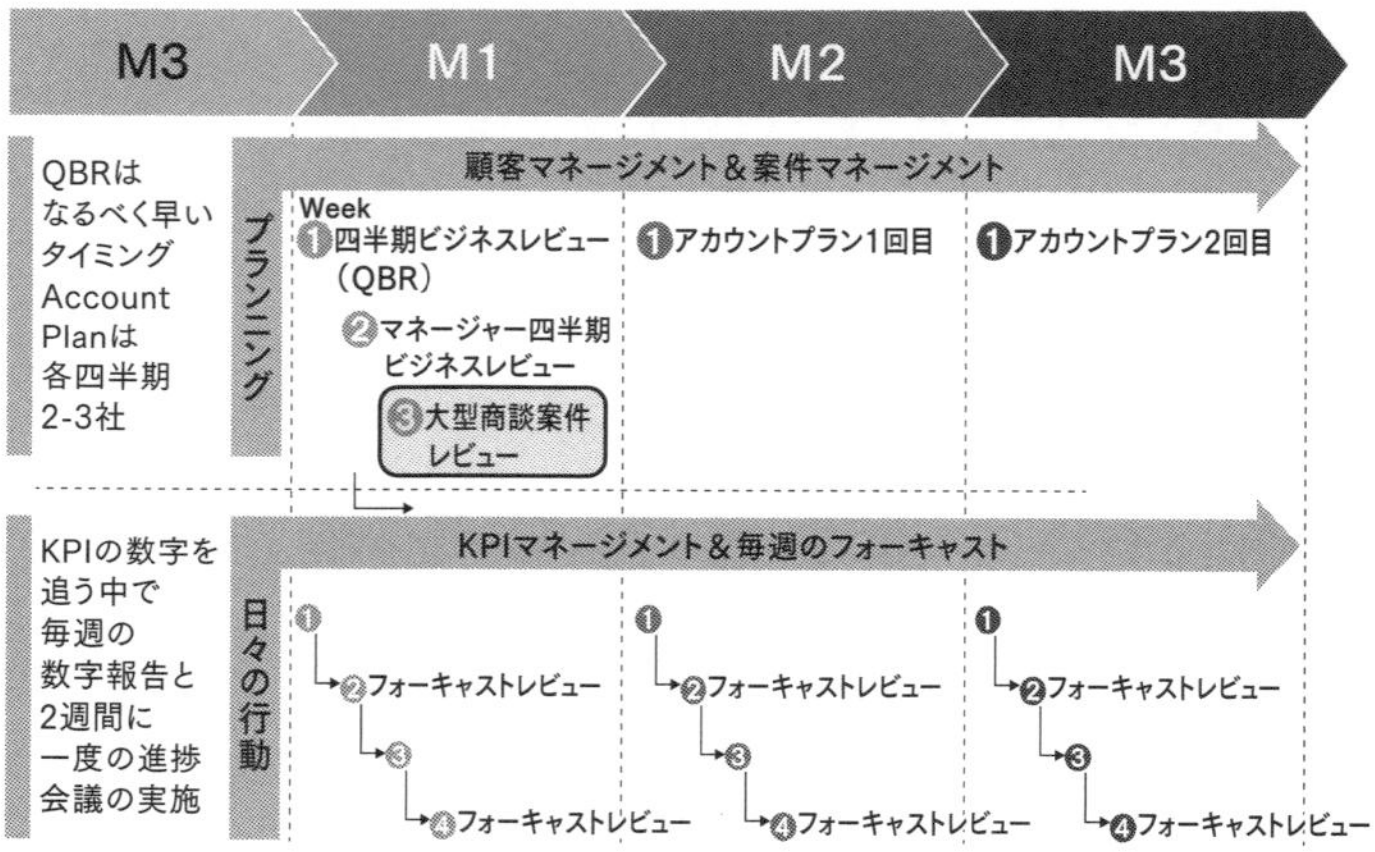

大型商談レビューだからといって、社長や営業役員向けに特別な資料を作成することは、現場を圧迫するエゴに他なりません。

ＳＦＡには、顧客とのヒアリング項目を含む、案件管理に必要な情報が網羅されています。日々の営業活動で得られた情報をＳＦＡに入力していれば、案件レビューはＳＦＡの画面をそのまま投影するだけで十分です。

万が一、ＳＦＡでのレビューを、現場を知らない社長が見づらいなどと言う場合は、現場がデータ活用にどれだけ苦労しているか、そして多額の投資をしたＳＦＡを信じていないのではという矛盾を、やんわりと指摘しましょう。

レビューする事項について

ＳＦＡの項目は各社にとって重要な要素が厳選されているため、しっかりとレビューしていく必要があります。特に、ＢＡＮＴ情報は必須項目です。

Ｂ（Budget：予算）については、年間予算として計上済みか、あるいは当四半期内で使用可能な予算枠があるのかを確認しましょう。

Ａ（Authority：権限）に関しては、誰が最終決裁者なのか、そして現時点で誰まで話が通っていて、誰との面談が済んでいるのかを明確化します。

Ｎ（Needs：必要性）については、顧客が製品の必要性を認識しているか、そしてもし採用が見送られた場合、どのような影響が生じるのかを分析します。

Ｔ（Timeframe：時間）については、なぜ当四半期中の導入が必要なのか、そして導入を主張する担当者は、過去に同規模案件の発注経験があるのかを把握します。

ＢＡＮＴ情報に加えて、競合他社の状況や、次のアクションを具体的な日付と共に明確化し、ＳＦＡの管理項目に基づいてレビューを進めていきましょう。

フォーマット外の例外レビューポイント

現場への負担を最小限に抑えるため、基本的にはSFAのフォーマットに従いますが、企業の命運を左右するような大型商談に関しては、次の2つの例外的なレビュー項目を追加します。これらの項目は、SFA内のフリーコメント欄に直接記入するか、Excelなどで作成した資料を添付してください（既にSFAの管理項目に含まれている場合もあるかもしれません）。

これらの追加項目は、大型商談を確実に成約に導くために、価値訴求が十分になされているか、そして時間軸通りに契約締結まで進捗できるか確認することを目的としています。

①価値訴求（L1、L2、L3）

価値訴求を、顧客課題の深さに応じて3つのレベルに分けて考えてみましょう。重要なのは、それぞれのレベルにおいて何を明確化していくかです。

- レベル1：顧客の具体的な課題

まずは、顧客が抱える具体的な課題を明確化します。

例えば、「レポート作成に時間がかかる」「営業マネージャーが手作業で売上を入力している」といった現状を把握します。

・レベル2：課題解決によるインパクト

レベル1で明確化した課題を解決することで、顧客にどのようなポジティブな変化がもたらされるのかを具体的に示します。

例えば、「レポート作成時間を削減し、空いた時間で新規顧客ニーズの発掘に注力できる」「自動化によって人的ミスをなくし、正確な数値を確保できる」といった具合です。

・レベル3：定量化された導入効果

レベル2で示したインパクトを、具体的な数値で示します。

ここが、価値訴求をより強力なものにするためのポイントです。

例えば、「レポート作成時間を30％削減し、新規顧客獲得に充てる時間を20％増加」「正確な数値に基づく施策立案により、新規施策の売上を10％向上」といった具体的な数字を提示します。

レベル2までは、普段の営業活動の中でも自然と意識されていることが多いでしょう。

しかし、大型案件を成功させるためには、レベル3の「定量化」が不可欠です。「他社ならこうなる」という一般的な数字ではなく、「御社の場合、導入によってこれだけの効果が見込める」という、具体的な根拠に基づいた数字を提示することで、顧客の心を大きく動かすことができるはずです。

顧客は「他社」ではなく「自社」における導入効果を期待しているため、具体的な数値を示すことが重要です。では、その数値をどのように算出すれば良いのでしょうか？

ポイントは、初期導入から共に歩んできた社内チャンピオンと連携することです。Land & Expand 戦略を採用しているのであれば、既に小規模導入している部門が存在するはずです。多くの場合、その部門での成功体験を基に、大規模案件へと発展していくため、まずはその部門における Quick Win（初期段階における成功実績）を数値化していくと良いでしょう。

もし、チャンピオンが大型商談の社内稟議を通す難しさを経験する前の段階であれば、営業担当者からレベル3の数値化の必要性を積極的に訴求していくべきです。

具体的には、「競合製品を推す役員への反論材料」「購買部からの価格交渉への対応」など、チャンピオンが稟議を上げていく中で直面するであろう課題に対して、具体的な数値を用いながら解決策を提示することが重要です。このように、チャンピオンと共に数字をつくり上げていくプロセスこそが、大型案件獲得の鍵となるのです。

②Mutual Close Planの作成

SFAのフォーマットにはない、大型商談を成功に導くための強力なツール、その2つ目がMutual Close Plan（商談をクロージングに持って行くプラン）です。

契約締結日を期末や年度末までに確実に守るためには、想定外の事態への備えが不可欠です。大型商談では、秘密保持契約の修正に予想以上の時間を要したり、取締役会承認後の捺印リレー、最終的な社長捺印の手続きなど、様々なハードルが想定外のタイミングで出現します。

Mutual Close Planは、こうした事態を未然に防ぐための、顧客との共同作業と言えるでしょう。契約締結までのスケジュールと必要なアクションを、営業側と顧客側双方でリスト化し、共有・管理することで、スムーズなプロセスを実現します。

顧客との信頼関係構築を可視化するツールとしても、Mutual Close Planは有効です。その作成は、顧客との強固な信頼関係の証と言えます。

Week3の大型商談案件レビューでは、Mutual Close Planを用いることで、企業として取るべきアクションを明確化し、確実な四半期目標達成を目指します。

アカウントプラン

担当営業や営業マネージャーにとって、営業オペレーションの中でも「効果的な実施が難しい」と感じるものの筆頭に挙げられるのが、このアカウントプラン（顧客攻略プラン）かもしれません。スタートアップ企業など、まだ初期フェーズにある会社では、そもそも実施していないケースも多いでしょう。

もちろん、実施するタイミングは企業の状況によって様々です。

私個人としては、「狙った顧客を突破しないことには、これ以上の売上増は見込めない」と判断したときに実施するのが良いと考えています。なぜなら、アカウントプランは相応の時間と労力を要するものであり、現場への負荷もあるためです。

もし、現状で問題なく売上が伸びているのであれば、無理に実施する必要はないでしょう。販売初期や、順調に売上が伸びている時期は、むしろ「何を行えば製品が売れるのか」「この製品の勝ち筋は何か」といった点を見極めることに集中すべきです。そして、

年間を通して一貫したオペレーションをつくる

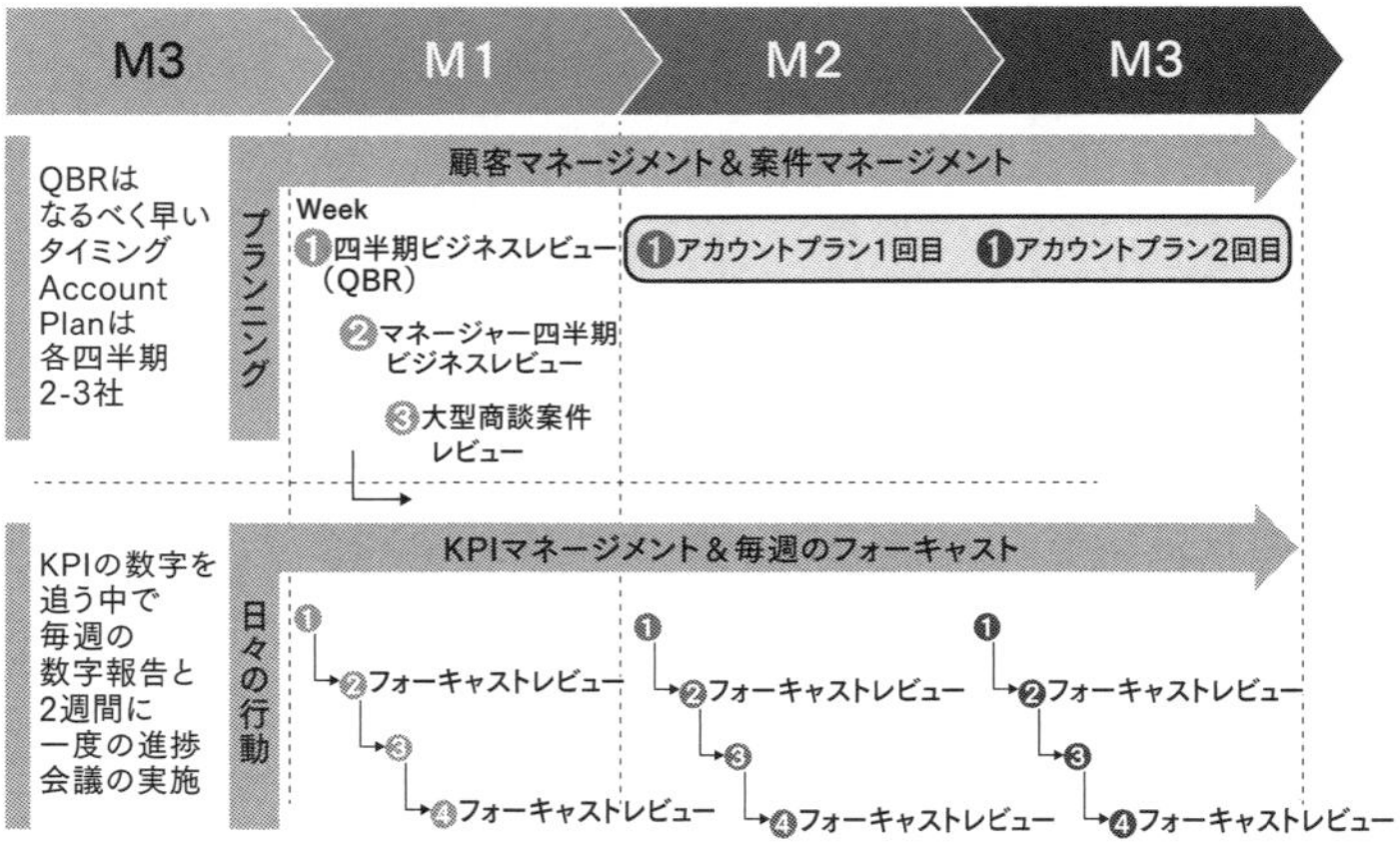

その過程で直面する壁、あるいはどうしても攻略したい業界のキーとなる会社を獲得するために、もう一段階上のレベルを目指すタイミングこそが、アカウントプラン導入のベストタイミングと言えるのではないでしょうか。

具体的な実施時期としては、M2、M3のWeek1が望ましいと考えられます。この時期であれば、四半期末の契約締結業務への影響を最小限に抑えられるからです。エンタープライズ営業担当者であれば、年間で3〜5社程度を目標とすると良いでしょう。四半期ごとに3〜5社全社をレビュー（精査）するのは難しいかもしれませんが、少なくとも年2回は同じ会社をレビューします。

アカウントプランの中身

「アカウントプランとは何か？」と問われれば、「顧客をあるべき姿へと導き、全社活用を目指すための仮説検証の場」と説明できます。

担当営業にとっては、顧客を担当し続けるための「説明責任を果たす場」としての意味合いも持ちます。説明責任を明確にすることで、マーケティング等の関係部署やエグゼクティブからの支援体制構築に繋がるのです。

本書では、営業現場への負担を軽減するため、共通フォーマットを用いたオペレーションを基本としています。フォーマットの記入に必要な情報は、日々の営業活動の中で収集していくことになります。情報収集活動自体が、そのまま営業活動プランへと昇華していくと言えるでしょう。

具体的に見ていきましょう。

まずはターゲットアカウント（顧客）の決定です。

会社として決定する場合もあれば、担当営業が決める場合もあるでしょう。

重要なのは、そのアカウントに「チャンピオン」が存在するか否かという点です。ここで言うチャンピオンとは、部長や執行役員といった公式なディシジョンメーカーではなく、組織図には現れないものの現場を率いるリーダーを指します。

全社活用を目指す以上、多角的な情報収集が欠かせませんが、チャンピオン不在の状況では、情報はホームページや中期経営計画といった公開情報からの推測の域を出ず、抽象的なアカウントプランになってしまいます。結果として、仮説検証の要となる営業アクションも実行不可能になるのです。

アカウントプランの基本構造

行動プラン1：顧客情報の収集

①アカウントの基本情報：社員数、売上規模、業界内のSWOT分析

②中期経営計画の読み込み：主要ビジネスの動向、新規戦略の狙い、課題の発掘

③過去の売上／採用製品：売上面についてこれまでの顧客との関係の洗い出し

行動プラン2：組織を洗い出し仲間をつくる

①チャンピオン発掘：活用頂いているユーザー部門とIT部門にチャンピオンの発掘

②ディシジョンメーカーとの関係性：影響力がある人物の洗い出し、反対者も把握

③組織全体の把握（インナーサークル）：関係部署の重要人物の洗い出し

行動プラン3：新規で仕掛けられるポイントを探す

①中期経営計画／顧客ヒアリングからディスカバリーマップ（顧客を理解するための資料）の作成

②ディスカバリーマップから短期と中長期で仕掛けるプラン作成

③導入システムの一覧が分かるシステムマップづくり、仕掛ける提案内容の検証

行動プラン4：顧客をあるべき姿にリードしアップセル、クロスセルを狙う

①既存導入部署での活用状況の確認（課題も含む）

②ホワイトペーパーに沿ったアップセル、クロスセルのプランニング

③アップセル、クロスセルに必要な関係部署、エグゼクティブのアクションの確認

行動プラン5：年間売上の予定をプランする

①ターゲット数字と達成に対する見込み

②ＳＦＡに登録されている案件の確認

③大型案件の確認（大型案件の精査をメインにしない）

以上、一般的にアカウントプランで記載すべき内容を記載しました。アカウントプランが活かされていないと感じるのは、これらの情報をまんべんなく集めても、情報収集と攻略の間に一貫性を見出せていないからでしょう。

かつて私も、レビュー前に経営計画を調べ上げても、どこか場当たり的な資料作成に終始していました。レビュー後は次のレビューまでプランは忘れ去られ、形骸化していました。マネージャーになっても状況は変わらず、レビューは営業担当者の活動不足を指摘し、奮起を促すためだけのものになっていたように思います。

もし過去の私のように、アカウントプランが有効活用されていないとしたら、それは些細な欠陥を探すだけの、無意味な作業に陥っているのかもしれません。これでは、営業担当者にとってアカウントプランが、負担でしかないでしょう。

正しいアカウントプラン

ワークショップの中でアカウントプランについてもお教えしています。その際にも先述の1から6の行動プランについて説明するのですが、もっとも力を入れて説明しているのは行動プランの4です。

チームでは、お客様をあるべき姿へと導くための行動プランとして、アカウントプランに取り組んできました。あるべき姿に導くというのは私の著書『人生を変える営業スキル』の中でも書かせていただいています。

具体的には、まずは小さく導入いただいた製品の効果を部門内で最大化し、その成功体験をもとに他部署へのクロスセル、そして最終的には全社活用へと広げていくアプローチを取ります。

しかし、顧客をこの理想的な状態に導き、全社活用に至るまでの道のりには様々な課題が想定されます。そこで重要となるのが、過去の成功事例や失敗から得られた教訓、そして乗り越え方や必須施策をまとめた「ホワイトペーパー」です。このホワイトペーパーには、ベストプラクティスに基づいた段階的な方法論が示されており、まさに羅針盤のような役割を果たします。

例えば、データ分析製品を例に考えてみましょう。

エンタープライズ顧客が最初から全社導入することはまずあり得ません。最初はマーケティングチームが広告の効果測定のために導入するといったケースが多いのではないでしょうか。

共感可能な全社ビジョンをつくるには

Step 1 ▶ 会社ビジョン・方針を理解する

Step 2 ▶ 外部環境の変化を把握する

Step 3 ▶ 互いの想いと目指す姿を共有する

Step 4 ▶ チームの強みを共有する

Step 5 ▶ 上位者と思いを共有する

Step 6 ▶ チームビジョンを明文化する

重要なのは、このマーケティング部門での成功体験を起点に、どのように全社的な活用へとつなげていくかです。

例えば、マーケティングデータに基づいた営業活動を行うことで、これまでにない売上拡大やビジネス変革が期待できます。

ホワイトペーパーには、データ分析を単なる部門最適化のツールではなく、全社戦略の中核に据えるために必要なアクションプランがステップバイステップで明確にされています。

その具体的なアクションのひとつとして、全社的なビジョンの策定が挙げられます。目指すべき未来像をトップが策定し全社に共有することで、各部門が足並みを揃えて行動できるようになるのです。もちろん、ビジョン策定についても、具体的な手順や落とし込み方まで丁寧に解説されています。

試行錯誤の末に完成したこのホワイトペーパーは、顧客への最適なアプローチ方法を示す羅針盤となります。かつてＩＴに苦手意識を持っていた私でさえ、今ではエンタープライズ業界を牽引するＣＸＯの方々と、データ活用戦略について対等に議論できるまでになりました。

中途入社の営業担当者でも、このホワイトペーパーを習得することで、お客様を成功へと導くことができるでしょう。

アカウントプランの行動プラン4について、さらに掘り下げていきましょう。

既存導入部署における成果と課題を精査し、ホワイトペーパーをもとに全社活用に向けた具体的な計画をチャンピオンと共に策定します。仮に提案に行き詰まったとしても、この段階的なホワイトペーパーを参照することで、顧客の現状と目指すべき未来を明確化し、アカウントプランに落とし込むことができます。

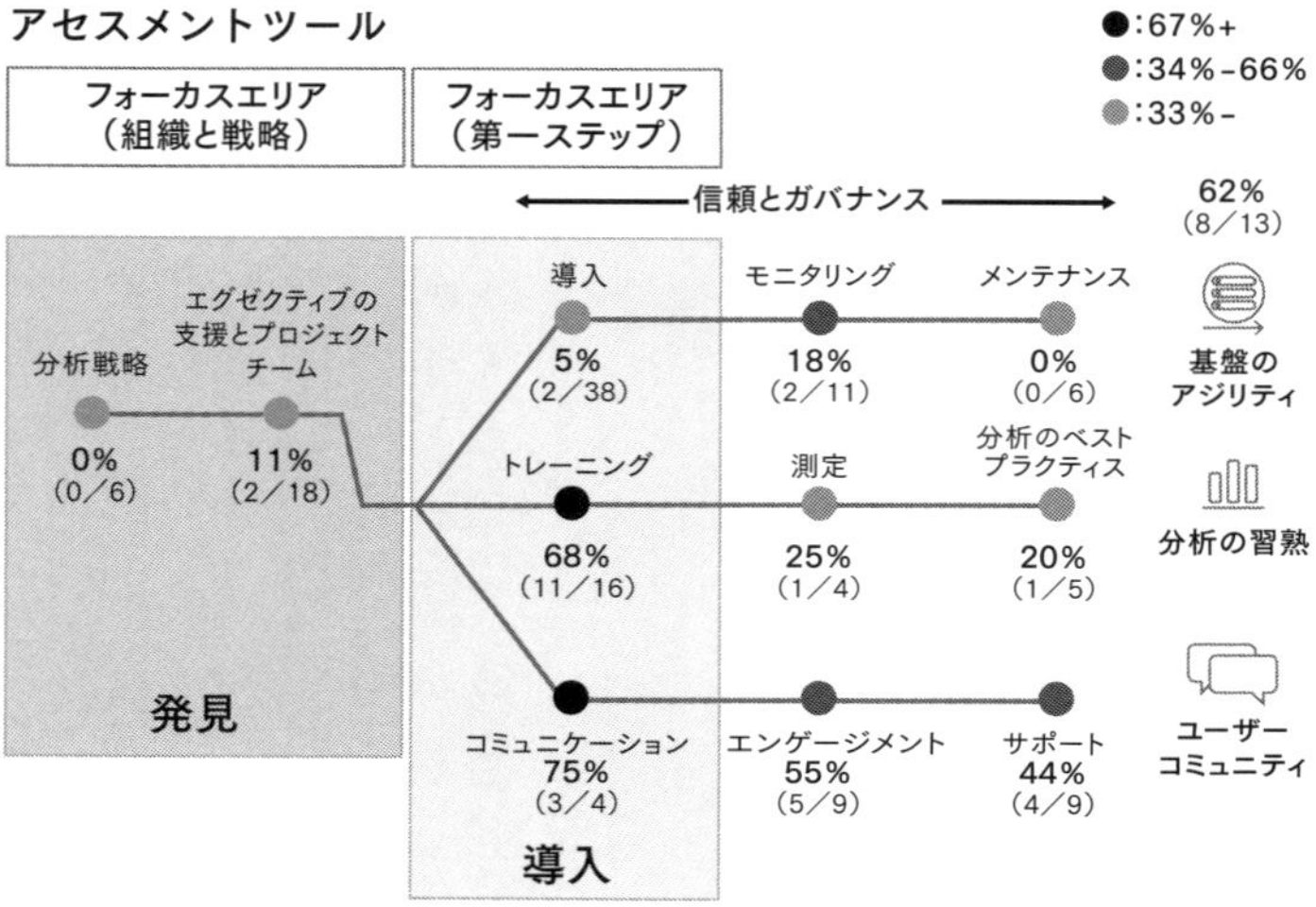

さらに、ホワイトペーパーをアセスメントツールとして活用すれば、顧客企業の強みと弱みを共同で分析できます。

全社導入に向けて不足しているアクションを洗い出し、誰がいつまでに実行するのか、エグゼクティブの支援が必要なのか、必要ならいつまでに必要なのかを明確化していくことで、アカウントプランを着実に実行に移せるようになるのです。

アカウントレビューについて

担当営業がアカウントプランを作成後、社内説明責任と社内協力の獲得を目的としたアカウントレビューを実施します。

興味深いことに、アメリカ本社では、レビューをする側（エグゼクティブを含む）が事前にアカウントプランを読み込んでおく、あるいはレビューの冒頭で読み込み時間を設けるというマナーがありました。これは、過去の経験とは対照的でした。

以前は、担当営業がプランを発表する中で、上司から厳しい質問攻めに遭い、威圧的な雰囲気が漂うことも少なくありませんでした。しかし、アメリカ本社のやり方は、営業が作成したプランに敬意を払い、レビューをする側も時間をかけて準備する点を考えても、全く異なるアプローチと言えるでしょう。

この姿勢から、私は別の重要な教訓も得ました。

来日したアメリカ本社のエグゼクティブが、あるアカウントのレビューを実施する予定だったときのことです。当日、関係部署のメンバーが参加できないことが判明した途端、ミーティングはキャンセルされました。

エグゼクティブは、営業が時間と労力を費やして作成した資料に対して、関係部署はそれぞれの立場から貢献できる点を検討する必要があること。そして、そもそも参加しないことは大変失礼であると指摘しました。そこには、現場への深いリスペクトが込められており、感銘を受けました。

効果的なレビューを行う上で重要なのは、些末な点にこだわるのではなく、基本的には先述のホワイトペーパーにもとづいて実施することです。これにより、営業と関係部署の視線が統一され、会社の目指すベストプラクティスに沿った、抜け目のないレビューが可能となります。

例えば、「全社ビジョンの策定」を顧客のCXOに認識してもらうことが重要だと合意形成された場合、参加しているエグゼクティブの支援を得ながら、具体的なアクションへと落とし込んでいきます。

このように、ポジティブなアクションが次々と決まっていく過程を目の当たりにすることで、担当営業はアカウントプランの意義を改めて実感することでしょう。

ホワイトペーパーがない会社はどうすれば良いのか？

ホワイトペーパーがない企業は、顧客へのホワイトペーパー作成の必要性について改めて検討すべきです。

現状行っている顧客への提案やレビューは、どのような根拠にもとづいていますか？本当に顧客にとって有益な情報が提供できているでしょうか？

表面的な指摘に終始し、本質的な課題解決に繋がっていない可能性も考えられます。製品販売の初期段階では、まだ明確な勝ち筋が見えず、プランニングが困難なケースも多いでしょう。まずは顧客との対話を通じて、試行錯誤しながら自社製品の強みを発見していく段階が必要です。成功と失敗の経験を積み重ね、言語化していくことで、初めて顧客をリードする価値が生まれます。

もちろん、ホワイトペーパーが顧客理解の唯一の手段ではありません。しかし、アカウントプランは適切に運用されなければ、現場に負担を強いるだけの作業になりかねません。重要なのは、明確な勝ち筋にもとづき、顧客を正しい方向へ導くためのプランを策定することです。

御社のビジネスにおいて、顧客を成功に導くための明確な強みは何か？ 今一度、自社の現状を振り返り、顧客との関係構築に本当に必要な要素を見極める必要があるのではないでしょうか。

フォーキャスト(予測)

営業オペレーションの締めくくりとして、営業リーダーの必須スキルであるフォーキャストの重要性を解説していきましょう。

営業リーダーの役割を極限まで突き詰めると、「四半期ごとの目標達成」と「確実な数値達成」と言えるでしょう。しかし、各リーダーのわずかな誤差が、会社全体では大きなズレに繋がる可能性もはらんでいます。そこで、フォーキャストにおける厳格なルールが設定されているのです。

フォーキャストの正確性

フォーキャストの精度は、単に目標を上回れば良いというものではありません。大幅なズレは、在庫問題をはじめとする様々な歪みを生み出す要因となりかねません。そこで、予測数値からの許容範囲は、上振れ10%以内、下振れ5%以内に定めます。

ホッケースティックカーブから30、30、40へ

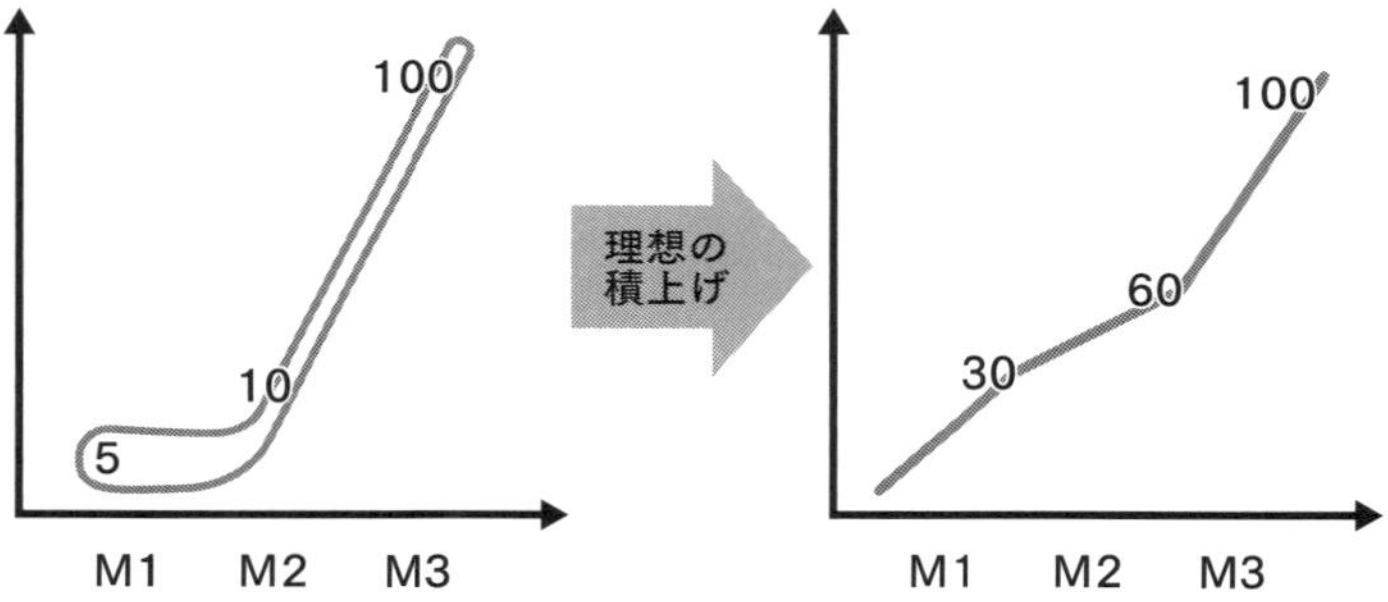

ホッケースティックカーブ

四半期目標達成のための売上計画において、M1、M2でほとんど成果を出さずにM3に集中する方法は、ホッケースティックカーブと呼ばれ、目標未達の危険性をはらんでいます。これは、わずかな案件のズレが致命傷になりかねないためです。

安定した目標達成を目指すには、各月ごとの売上配分を明確化し、M1で30%、M2で60%、M3で100%の達成を目指すべきと言えるでしょう。

私は従来、値引きは行いませんでしたが、M1の売上目標達成を重視する観点から、M1限定の特価キャンペーンを実施することがありました。

これは、年度末や期末に行われる一般的な値引きキャンペーンとは異なり、営業担当者の意識を早期の売上獲得へと転換させるための戦略的な試みでした。

フォーキャスト提出日

営業メンバーは毎週月曜日、システムに売上予測を入力します。これは、会社への重要なコミットメントであり、週の計画を立てる上でも有益です。営業マネージャーは、メンバーからのコミットメントをもとに、翌日の火曜日に会社へ提出します。

ただし、前週と同じ数字を惰性的にインプットするのではなく、真摯な確認を伴うコミットメントであるべきです。成長段階の営業メンバーには、予測に対するコメントを添えて提出を求めることも有効ですが、現場への負担を考慮し、恒久的な運用は避けるべきでしょう。

重要なのは、形式的な作業ではなく、会社へのコミットメントとしての意識を醸成することです。

フォーキャストを読むスキル

チーム全体のフォーキャストは、各メンバーの予測の積み上げによって成り立ちます。

しかし、正確な数字を導き出すためには、SFAに蓄積された個々の案件データを読み解く力が営業マネージャーには不可欠です。

SFAをチームや会社全体で有効活用するには、共通言語と共通認識の確立が欠かせません。中でも重要なのは、SFAに登録された各案件ステージの定義を全員が正しく理解しているかを確認することです。

一般的に、SFAでは案件管理において、進捗度に応じて案件ステージを設定します。ステージの呼称は企業によって異なりますが、例えばステージ1から契約成立となるステージ6まで存在するとします。

ここで重要なのは、「ステージ1から2へ移行するにはどのような条件をクリアする必要があるのか」「どのステージまで進めばフォーキャストに計上できるのか」といった点について、営業担当者とマネージャー間で認識の齟齬がないようにすることです。認識のズレは、予測の大きな誤りに繋がりかねません。

各ステージの移行判定基準と確度

ステージ1：Mutual Interest（確度：0％）
▼自社製品・サービスで解決可能なビジネス課題を持っている
▼タイムフレームも一定期間内である

ステージ2：Discover（確度：25％）
▼要件詳細確認（問題、解決策、効果）
▼デモ実施やプロトタイプ検討（ＰＯＣ）
▼他社製品との比較検討

ステージ3：Validate（確度：50％）
▼チャンピオンの確定と賛成
▼進め方など協議段階

▼現場で自社製品の選択

ステージ４：Decide（確度：75％）

▼責任者へのアプローチ済

▼Mutual Close Planのお客様との合意

▼担当者が稟議決裁準備の開始

ステージ５：Commitment（確度：90％）

▼法務やコンプラ確認済

▼稟議プロセスの終了

▼お客様からの発注処理が完了

ステージ６：Closed Won/Lost（確度：１００％ or ０％）

▼Wonは受注時に自動で処理

▼Lost時は自分で処理する

ステージ4まで進捗した案件を、その四半期での売上数字として把握していました。ステージ移行の条件は都度周知徹底を図っていましたが、全員の認識を完全に一致させることは容易ではありません。

営業担当者にとって、フォーキャストは最も神経を使う業務のひとつです。私自身も経験しましたが、過大な数字を提出した後で撤回できない事態になるよりも、慎重にステージ管理を行い、最終段階でステージを引き上げるほうが精神的な負担が軽減されました。

このような慎重な営業担当者もいることを考慮すると、営業マネージャーは、各営業担当者に対してステージの定義を理解させると同時に、個々の性格を踏まえて数字を解釈していくことが現実的なアプローチと言えるでしょう。

SFAを導入していない企業では、スプレッドシートなどを活用して管理することになりますが、基本的な考え方は変わりません。スプレッドシートに入力する各案件の売上見込み金額に加えて、受注確度のステージを共通認識として定義し、現場に周知徹底することが重要となります。

フォーキャスト会議

フォーキャスト会議は、心理的安全性を重視し、1対1で実施するほうが効果的だと実感しています。以前、チーム全員参加型の会議を行っていた頃は、営業担当者たちのプライドがぶつかり、本来の目的である「成約に向けた建設的な議論」から逸脱してしまうことも少なくありませんでした。

そこで私が着目したのは、会議の意識改革です。

もちろん数字目標やアクションアイテムの確認も重要ですが、それ以上に「目標達成に向けて共に歩む姿勢」を重視しました。

具体的には、「次に繋げるために、今できることは何か?」を議論の中心に据え、簡単なステップ(Easy Next Step)も含めて、互いに納得できる具体的な行動計画を立て、実行を委ねるようにしました。

会議の内容は必ずメモを取り、同じ質問を繰り返さないように心掛けるべきです。私自身、1日に10人以上のメンバーと面談するような日もありましたが、どんなに短時間でもメモを取り、次の会議前に必ず目を通すことを習慣づけていました。

この章では、営業担当者の負担を軽減するための四半期スケジュールの作成から、KPIマネジメント、四半期レビュー、大型商談案件レビュー、アカウントプラン、そして最後のフォーキャストまで、営業マネージャーとして必須となる多岐に渡る営業オペレーションスキルを紹介しました。

これらは机上の空論ではなく、私自身が現場で実践してきたものです。もちろん、私よりも現場のメンバーのほうが負担に感じていた部分もあったでしょう。しかし、この経験を通して、彼らは高いレベルでの行動が自然とできる、自立したビジネスパーソンへと成長しました。そして、それは現在も、これからも続く彼らの輝かしい成果に繋がっていると確信しています。

営業マネージャーの真の役割は、チームメンバーを「どこでも通用する人材」へと育成することです。そのことを胸に刻み、たゆまぬ努力を続けましょう。

第5章

営業マネジメント

営業マネージャーのチャレンジ

四半期という3ヶ月のサイクルの中で、事前に計画を立てて、忙しい日々にもリズムを生み出すことにより、目標達成にブレない営業オペレーションを構築していく。その重要性を、私は身をもって学びました。しかし、必死に走り抜けた最終日を締めくくり、新たな期の始まりを迎える度に、ある言葉が頭をよぎります。

「3ヶ月が過ぎるとゼロクリア」

この言葉に、深く共感される方も少なくないのではないでしょうか。どれほど必死に努力を重ね、6月30日に第1四半期の目標を達成したとしても、7月1日には容赦なく次の四半期がスタートし、積み上げた成果は一旦リセットされてしまう。これは、私たち営業職にとって逃れられない厳しい現実です。

特に上場企業においては、四半期ごとの売上数字が市場へのコミットメントとなり、年間を通してではなく、3ヶ月ごとに厳しい評価の目に晒されることになります。Q1、Q2、Q3と全く数字が上がらず、最後のQ4で125%の達成を果たして年間目標を大きく上回ったとしても、外資系企業では評価の対象にはなりません。

むしろ、3四半期連続で未達であったという事実が、自身の立場を危うくするというのが常識なのです。

冒頭で述べた「ゼロクリア」とは、まさにこのことを指しています。

3ヶ月間、毎日数字と向き合い、最後の最後で目標を達成し、達成感を味わったとしても、翌日から再び売上はゼロに戻り、新たな四半期の数字をゼロから追いかける日々が始まるのです。

この繰り返しは、想像以上に過酷です。しかし、営業という仕事は、このハードな現実と戦い続けることを宿命づけられています。ただし、数字だけに囚われた世界に身を置き続けると、営業リーダーによるパワハラや、うつ病などの精神疾患といった深刻な問題を引き起こす可能性もはらんでいることを忘れてはなりません。

前章では営業オペレーションの重要性を説きましたが、果たして、効率化と数字目標の達成だけが営業リーダーの役割なのでしょうか？　もしそうであれば、近い将来、ＡＩがその座を奪い、人間は均一的な成果を生み出すだけの存在になってしまうかもしれません。

私は、厳しいゼロクリアの世界で、常に１００点満点、ときにそれを超える成果を生み出すチームをつくるには、一人ひとりの個性と向き合うことが不可欠だと考えています。

そこで本章では、営業メンバーの心理的側面に配慮した施策や、過酷な環境下で営業リーダー自身が心を病まないための方法など、「オペレーション」の根底に流れる「マインド」について深く掘り下げていきます。

プロの営業とはどういうことか？

営業オペレーションの目的は、目標とする数字を達成し、会社全体を支える安定した基盤を築くことにあります。特に、厳しい市場環境においては、営業リーダーとチームメンバー間における「数字への共通認識」が不可欠です。そのため、私は現場の営業メンバーへ、プロとしての意識と行動指針を明確に示してきました。

①数字をつくることが全社員を支える

プロの営業とは、全社員の生活と会社の未来を背負い、責任と覚悟を持って数字をつくり続ける存在です。企業の存続、そして本当に価値のある製品を世に広めるためにも、数字という成果は決して揺るぎない大前提となります。

②全ての四半期で達成すること

年間目標の達成はもちろん重要ですが、プロフェッショナルは、四半期ごとの目標達成を強く意識しなければなりません。なぜなら、四半期ごとの安定した数字こそが、会社を支える社員とその家族の生活に直結するからです。

③ M3でフォーキャストをずらすことの悪

特に、四半期最終月（M3）におけるフォーキャスト修正は、絶対に避けるべき行為です。仮に、一人ひとりが「自分だけは大丈夫」という安易な考えで500万円の数字をずらした場合、8人いれば4000万円もの誤差が生じます。

500万円という金額規模は会社によって異なりますが、M3という最終段階での修正は、組織全体に深刻な影響を及ぼし、リカバリーを困難にする可能性が高いと言えます。

④ バッドニュースファースト

M3で数字をずらすことは悪影響だと述べましたが、最終日までその事実を隠蔽されては、会社として適切なリカバリーは不可能です。そこで重要となるのが、問題発生時には、良いニュースよりも優先的に共有すること。この意識を徹底させるのは容易ではありませんが、「バッドニュースファースト」というフレーズをチームミーティングなどで繰り返し口にすることで、少しでも意識改革を促していきます。

⑤ 数字を落とす場合は代替案／言い訳を簡単には了解しない

万が一、目標数字に届かない場合や数字をずらす場合は、単なる進捗報告ではなく、具体的な代替案を提示することを義務づけています。その際、代替案が希望的観測にもとづいたものではなく、残りの期間で確実に実行可能な内容であることを厳しく確認します。この姿勢を貫くことで、担当営業は数字達成に向けてより真剣に取り組むようになり、チーム全体として数字から目を背けない文化が根づくと考えています。

この5つは、チーム全体で共有すべき重要な価値観です。

組織が大きくなると、個人の数字と会社の数字を分けて考える人が出てきてしまいがちですが、実際には個人の数字の積み重ねが会社の数字を形成します。一人でも「自分が数字を落とすくらい……」という甘えを持つと、会社全体に悪影響が波及する可能性があるのです。

この当たり前の事実をチーム全体に浸透させることで、緊張感のある数字の世界で共に戦い抜き、成長し続けられると私は信じています。私たち営業は、会社と社員全員の生活を支えるプロとしての自覚と誇りを持ち、そのためにこの5つを常に意識することが不可欠なのです。

期初の5つのアクション

チームメンバーと「プロの営業」の共通認識を再確認し、新たな四半期に向けて始動する上で重要な5つのアクションを紹介します。

① SFAのアップデートを行う

KPIマネジメントの基礎として掲げているように、SFAツールへの定期的な情報更新は営業活動の要です。毎週欠かさずアップデートを行うよう徹底しましょう。

② パイプラインを3倍つくる（業界に応じて）

四半期目標達成の鍵を握るのが、十分な数のパイプライン確保です。業界の特性にもよりますが、目標達成に必要なパイプラインの3倍を目安に構築できているか検証しましょう。十分なパイプラインがあれば、競合との受注状況に左右されず、安定した業績に繋がりやすいためです。

③ 売上に対して70％の数字が見えているか？

目標とする売上達成に向けて、四半期開始時点でどの程度の確度で見込みを立てられるかが重要となります。担当する企業規模や業界、製品の特性によって、そのパーセンテージは変化します。

近年のＳａａＳ製品のように、低価格化が進み、部門決済で購入可能な製品であれば、70％の確度で見込みが立っている場合には、残りの30％は未知数だとしても、新規案件の受注も含めて１００％の達成を目指すことが可能です。

一方で、高額な製品の場合、取締役会決済が必要となり、３ヶ月以上の長期案件となるケースも少なくありません。管理している案件がＳＦＡ内でどのステージにどのくらいあるから数字として１００％まで読めるというのを各営業に意識して活動してもらうためにも、期初に確度の高い見込み案件の割合を把握しておく必要があるのです。

④ 新規案件と四半期特性を踏まえた数字計画

残る30％の達成に向け、四半期ごとの特性を考慮する必要があります。例えば、日本では3月末の年度末需要を見込むことができます。過去のデータトレンドを分析し、新規案件からどれだけの数字を見込めるか、各営業担当者には綿密な検討を求めます。一方で、

8月を含む四半期は新規案件が生まれにくい「夏枯れ」の傾向があります。このような場合は、目標達成のために、最初から70％ではなく80％を目標値に設定するなど、柔軟な対応が求められます。このように、数字計画を継続的に成功させるには、季節性を見極める力も重要です。

⑤ 中長期的な視点を取り入れたパイプライン管理

目標達成には、確度の高いパイプライン構築が不可欠です。次四半期のパイプラインを3倍にするだけでなく、その次の四半期以降も見据えた中長期的な視点を持つことが重要です。

「ローリングスリークォーター」という言葉があるように、私が以前在籍していたセールスフォースでは、次四半期だけでなく、その先2四半期分のパイプラインまで考慮した活動を行っていました。自転車操業的に目先の数字だけを追うのではなく、中長期的な視点を持つことで、より高度な営業活動が可能になります。

営業リーダーとしての心得

数字から逃げないチームを率いる営業リーダーとして、私は常に5つの視点を大切にしてきました。

① 会社全体の数字を頭に入れて数字の出し入れの確認

まず、会社全体の数字を把握し、各部署の進捗状況を常に確認することが大切です。全営業担当者には毎四半期での目標達成を求めていますが、現実には全員が余裕を持って達成できるわけではありません。

ときには、顧客に無理なお願いをして契約を獲得してしまうケースも存在します。しかし、このような強引な手法は、顧客との信頼関係を失うリスクもはらんでいます。

現場の担当者は、全ての四半期の達成を求められるがゆえに目の前の数字目標に縛られますが、会社全体の状況を俯瞰し、数字の出し入れの判断ができるのは、営業リーダーだけです。

②お客様との長期的関係の判断

短期的な数字達成を迫るあまり、顧客との長期的な関係性を損なっていないかを冷静に見極めること。確かに、優れた製品であればあるほど、早期導入によって顧客は早く成果を実感できます。

しかし重要なのは、それを押し付けるのではなく、顧客にとっての真のメリットを丁寧に説明することです。現場では、必ずしも全員が顧客に響く伝え方ができているとは限りません。顧客との信頼関係を築きながら、長期的な視点でビジネスを展開していくためには、マネージャーが率先して、適切な行動を導く必要があるのです。

③責任は自分が持つこと

達成できない際の責任は、リーダーであるあなたにあります。もちろん、数字達成が営業担当者の責務であることは伝え続けるべきですが、達成できないときの責任をリーダーが強く意識しておくことは大事です。

④実績は全て担当営業の成果

成約に至った際は、たとえあなたが顧客への働きかけや社内調整など多大な貢献をしていたとしても、それは全て担当営業の成果として称えましょう。彼らが成約に漕ぎ着けられたのは、紛れもなく彼らの努力の賜物です。このような姿勢を示すことで、現場の営業担当者たちはあなたへの感謝の念を抱き、それが更なる努力へと繋がる好循環を生み出すでしょう。

⑤ パワハラは百害あって一利なし

高い目標設定をチーム全体で共有することは重要ですが、行き過ぎた叱責や個人攻撃といったパワハラは、決して許されるものではありません。一時的な成果は得られたとしても、継続的に数字を作れるような強いチームにはなりえません。

パワハラについて

「パワハラとハイスタンダードを求める指導の間で一線を画すものは何だと思いますか？」

過去の苦い経験がある私には明確な答えがあります。それは、「最後まで一緒に考え一緒に動くこと」です。

かつての私は、ただ結果を自席で待つだけの上司でした。しかし、自らも成長を遂げ、チームメンバーと共になすべきことを考え、行動し続けるようになりました。

もちろん、営業リーダーが常に走り続けることは、組織のスケールを阻害したり、燃え尽き症候群に陥ったりするリスクもはらんでいます。だからこそ、ＫＰＩマネジメントによる活動量の可視化や、説明責任を果たすアカウントプランなど、ハイスタンダードな活動を現場に求める必要があるのです。

その上で、営業リーダーも状況に応じて共に考え、顧客へと共に向かう姿勢を持つことこそが、真に強くスケールする組織を築く鍵となるでしょう。

数字が未達の場合、担当営業を叱責する前に、「最も悔しいのは誰か」を自問自答すべきです。

目標達成に向けて努力を重ねてきた現場の営業こそが、最も苦しい立場にいることを忘れてはなりません。追い打ちをかけるような発言は厳に慎むべきです。かつて私が尊敬していた上司たちも口を揃えて、「やることをやっていれば必ず次の四半期では数字が回ってくる。神様は見ている」と語っていました。

そして、皆さんも本人と同じくらい一緒に悔しがって良いと思います。一緒に動き続けているので自然と悔しがることができます。

営業マネージャーが最後まで一緒に動き続ける姿勢を示すことによって、冒頭で述べたプロ意識に基づく5つの共通認識と、期初に提示した5つのアクションプランに対し、メンバーは腹落ちした上で主体的に取り組むようになるでしょう。

天才とどう向き合うか

数字を生み出す上で避けて通れないのが、天才とどう向き合うかという課題です。彼らはときに、突出した成果を叩き出す一方で、その特異な才能ゆえに周囲との摩擦を生んだり、奔放な振る舞いを見せたりすることがあります。企業にとって数字は生命線とも言えるため、マネージャーは彼らと適切な距離感を保ちながら、その能力を最大限に引き出すことが求められます。

彼らへの接し方として私が重要視してきたのは、頭ごなしに指示するのではなく、彼らの才能を尊重し、何を望み、何を実現したいのかに耳を傾けることでした。そして、その才能が周囲との軋轢を生む可能性も踏まえ、彼らをフォローし、円滑に業務を遂行できるようサポートすることも必要不可欠だと感じています。

しかし、もし彼らの存在が他のメンバーの成長を阻害したり、チーム全体の成果を損なうような事態に陥ったとしたら、それは本末転倒と言わざるを得ません。特に、彼らが会社よりも自身の利益を優先し始めたり、自己顕示欲を満たすために周囲に過剰な賞賛を求めるようになった場合は、断固たる決断を下す覚悟が必要です。

なぜなら、自己中心的になった天才は、自身の成長を止めてしまうので、一緒に成長していくためにも指摘します。

彼らには、共に成長し続けることの大切さを理解させます。マネージャーへの昇進基準も、売上だけでなく、チームワークや協調性を重視する姿勢を示すなど、健全な組織文化を育む努力を怠ってはなりません。

それでもなお状況が改善しない場合は、最終手段として、彼らを手放すという選択肢も視野に入れるべきでしょう。働く環境を守るという重要な責務を担うのは、他でもない、あなた達マネージャーなのですから。

プロ意識を持つために人を動かす秘訣

この章を読んでくださったあなたは、「果たして、自分のチームのメンバー全員にここまでのプロ意識を求めることはできるのだろうか？」という疑問を抱いているかもしれません。

正直なところ、私自身も、高い目標設定や新しい期における行動指針を共有したからといって、全員が常に高いモチベーションを維持し続けられるとは考えていませんでした。

だからこそ、私は営業リーダーとして、四半期の3ヶ月という期間を通して、メンバー一人ひとりのモチベーションを高めるための働きかけを継続的に行ってきたのです。

ここでは、数字から逃げない強いチームをつくるために、私が実践してきた具体的な行動についてお伝えしていきます。

① 頼りにして人を動かす

33歳で初めてマネージャーになったとき、カーネギーの『人を動かす』を薦められました。この本で特に参考にしているのは、「人はどうすれば誰かのために動いてくれるのか」という点です。カーネギーは、人は「重要感」を得たいと願い、その欲求を満たしてくれる人の言葉には懸命に従うと説いています。

営業リーダーに置き換えると、メンバーに重要感を与えることで、モチベーションを高め、売上につなげられます。

では、どのように重要感を与えるのか。本書では、心からの褒め言葉や感謝に加え、「頼りにする」というシンプルな言葉が最も効果的だと述べています。

具体的には、私が実践していたのは、例えば1対1のフォーキャスト会議で、メンバーに「今期の目標達成は厳しい。他のメンバーも苦戦している。だからこそ、君しかいないんだ。頼りにしているよ、本当に頼む！」と伝えることです。もちろん、これは演技ではなく、心からの言葉である必要があります。

この「頼りにする」という言葉は、特定のメンバーだけでなく、チーム全員それぞれ個別に伝えても良いのです。

80年も前に書かれた『人を動かす』が、現代でも名著として読み継がれているのは、人間心理をシンプルに、そしてわかりやすく教えてくれるからでしょう。私は本書を参考に、メンバーを本気で頼りにすることで、チームを活気づけ、成果につなげてきました。

② 数字を達成したくなるカルチャーづくり

チームメンバーが数字に対して高いプロ意識を持つための2つ目の施策として、「数字を達成したくなるカルチャーづくり」が挙げられます。これは、会社全体と営業リーダー双方による、メンバーが自発的に数字を追求したくなるような感動を生み出す取り組みと言えるでしょう。具体的には、「褒める」「感謝」「誇り」という3つの要素を重視したアプローチを採用していました。

褒める：社内周知

数字達成の功績は担当営業のものであり、その功績を称えることは重要です。しかし、本当の意味で称賛を届けるためには、達成の意義や、そこに至るまでの努力を、感動的なストーリーとして社内全体に共有する必要があります。特に大型案件であれば、グローバル規模での共有も視野に入れましょう。

これは、営業現場に寄り添い、共に歩んできた営業マネージャーだからこそできることです。結果だけを見ても、「あのとき、もうダメだ、競合に負ける」と感じた瞬間に彼らが何を思い、何を実行したのかを知ることはできません。

私自身、四半期や年度末に送る周知メール（最近はＳｌａｃｋの投稿が多いですが）には、強い思い入れがありました。時には数日前から文章を練り込み、添付する写真にもこだわりました。顧客のロゴを入れた写真や、顧客先に赴いて撮影した写真など、営業メンバーが社内から称賛されるような、生き生きとしたストーリーを届けることを常に心がけていました。

感謝：グリーンバーの開催

チームや会社全体の目標達成を祝う、感謝の気持ちがあふれるパーティーを企画しました。このパーティーは「グリーンバー」と呼ばれ、その由来は、目標達成時に成績を示すグラフの色が赤から緑に変わることにあります。

グリーンバーは、営業部門だけでなく、関係部署のメンバーも参加する点が特徴です。そこでは、数字達成を果たした営業チームへ惜しみない賛辞が送られるとともに、支えてくれた関係部署への感謝の気持ちも共有されます。このように、グリーンバーは、部署を超えた一体感と達成の喜びを分かち合う、温かい会となるのです。

誇り：プレジデントクラブ

最後に紹介するのは、企業によって呼び名は様々ですが、高い目標を達成した者だけが許される褒章旅行、プレジデントクラブです。上位の営業だけが参加できる狭き門で、憧れのリゾート地を設定している企業もあるようです。もちろん、高額な海外旅行でなくとも構いません。重要なのは、プレジデントクラブへの参加が営業としての誇りを生み出すという点です。

私自身も、担当営業として、そしてリーダーとして達成し、参加した経験があります。経営陣から、心からの感謝と感動を与えられた貴重な機会でした。

この褒章旅行には、通常もう1名、家族やパートナー、友人を同伴できます。成績上位の陰には、プライベートを犠牲にした努力もあります。その活動を支えてくれたのは、間違いなく彼らです。会社や経営陣も、参加してくれた家族やパートナー、友人に対して感謝を伝える場となっています。

1年間の疲れも、プレジデントクラブへの参加で吹き飛びます。共に参加した家族からの感謝は、翌年も権利を獲得し、共に達成を喜び合いたいというモチベーションに繋がります。数字達成という観点だけでなく、会社への忠誠心を高める効果も期待できるでしょう。

カルチャーづくりの大切さを最後に、私が担当営業として会社への貢献を強く意識した出来事についてお話しします。

当時、会社は勢いに乗っており、グローバル全体で四半期目標を連続達成していました。しかし、その四半期だけはアメリカの業績が悪く、達成が危ぶまれていました。

各国のカントリーマネージャーから、目標達成に向けた進捗状況が緊迫感を持って報告される中、最後の追い込みが図られていました。日本チームは、時差の関係で締め切り日の翌日午後3時までが期限となっていました。既に日本は目標を達成していましたが、グローバルへの貢献を目指し、最後の最後まで数字を追い込みました。

そして、締め切り時間と同時に、日本の数字によってグローバル全体でも目標を100%達成できたことが判明したのです。本社でグローバル営業を統括する女性リーダーは、時差をものともせず、達成の瞬間まで見守ってくれていました。すると、彼女はすぐに日本の営業チーム全員にオンライン会議への参加を指示しました。

会議が始まると、彼女は画面越しに「ハイファイブ！」と手を差し出し、「みんなも私の手と合わせて」と呼びかけ、私たちへ最大の感謝を伝えてくれたのです。少し照れくささを感じながら、私も画面に手を合わせました。

彼女の行動は、傍から見れば滑稽に映ったかもしれません。しかし、私自身は、グローバル全体で１００％達成できたことへの彼女の心からの感謝に胸を打たれ、会社のために、そしてこのような熱い思いを抱かせてくれた彼女のために、もっと貢献したいと強く思いました。

数字に対する深い感謝が根づく会社で働ける喜びを、これほどまでに実感した瞬間はありませんでした。

「褒める」「感謝」「誇り」の3要素は、厳しい数字目標を追う営業チームへの感謝として、いずれも欠かせないものでした。御社では、数字達成を促進する文化は育まれていますか？ 達成できないことを「ダサい」と感じるような、遊び心のある仕掛けはありますか？ そして、心からの感謝で営業担当者を賞賛できているか、今一度振り返ってみましょう。

高いプロ意識を維持する秘訣として、「頼りにする」ことと「数字達成意欲を高める文化醸成」を取り上げました。御社ではどのような取り組みを行いますか？

第6章

営業戦略を浸透させる

組織全体を動かす

先ほどは、チームメンバーとの信頼関係構築や、営業リーダーとして醸成すべきカルチャーについてお伝えしました。
今回は、チームの枠を超え、組織全体を視野に入れたチャレンジについてお話ししましょう。

スタートアップ企業が成長する過程において、皆様が営業リーダーから営業の役員へと昇進する際には、その言動は、所属チームだけでなく、会社全体に波及する重みを帯びます。そこで必要となるのは、オペレーションの域を超えた、組織全体へのコーチングという視点です。これは、1対1のコーチングとは異なり、組織全体を動かし、導くための壮大な取り組みと言えるでしょう。

なぜ、このような話をさせていただくかと言うと、私自身が過去に、自身の発言が及ぼす影響の大きさを深く理解せず、不用意な言動で周囲を傷つけてしまった苦い経験があるからです。組織におけるマネージャーの役割と、より大きな影響力を持つ立場における責任の重さを痛感し、深く反省した経験があります。

心理的安全をつくる

現代のリーダーシップにおいて、〝背中を見せる〟だけの旧来型のスタイルは、もはや時代遅れと言わざるを得ません。Googleが手がけた大規模な実験プロジェクト「アリストテレス」では、世界中から選抜された180ものチームが生産性を競い合いました。その結果、目覚ましい成果を上げたチームには、「均等な発言機会」と「高い社会的感受性」という共通項が見られたのです。

そして、これらのチームに深く根づいていたのが「心理的安全性」という概念でした。メンバー一人ひとりが「心理的に安全」だと感じられる環境こそが、高い生産性を生み出す鍵であると証明されたのです。

では、この「心理的安全」とは具体的にどのような状態を指すのでしょうか？

コーネル大学の研究によると、「チームメンバーが安心して対人リスクを取れるという共通認識が生まれ、ありのままの自分でいられる居心地の良さを感じられるチーム風土を指す」とのことです。

組織全体に影響を与えるポジションにあがった皆様は、この「心理的安全性」をどのようにつくれば良いでしょうか?

私からは2つのご提案をしたいと思います。

サーバントリーダーシップ（チームの成功を願う謙虚なリーダー像）

1つ目は、チームや組織全体における心理的安全を構築する上で重要な、サーバントリーダーシップという考え方についてです。

これは、ロバート・K・グリーンリーフ氏が提唱したリーダー像で、「サーバント（＝使用人・召使い）」という言葉が示す通り、リーダーがまず相手に奉仕し、献身的に関わることを重視する点が特徴です。具体的には、部下の意見に真摯に耳を傾け、その上で組織の進むべき道を指し示す、という姿勢が求められます。

私自身、この考え方には全く触れたことがありませんでした。しかしあるとき、持ち回りで実施していた朝会の自由発表の場で、営業メンバーが大学時代のゼミの研究テーマとしてサーバントリーダーシップを紹介してくれたのです。

彼は、私との出会いを「理想としていたサーバントリーダーに出会えた」と表現してくれました。もちろん、持ち上げている部分もあると理解はしていましたが、それでも純粋に嬉しかったことを覚えています。

この出来事をきっかけに、すぐにロバート・K・グリーンリーフ氏の著書を読み始めました。本の中で、「いざというときに逃げるのは、普段強い言葉ばかりを口にする人物ではないか」「本当に信頼できるのは、普段から献身的に尽くしてくれる人だ」という一節があり、ハッとさせられました。

そして、私自身のリーダーとしての行動の振り返りにもなりました。この本との出会いを機に、自分の進むべき方向に自信を持つことができ、意識して行動に移せるようになったのも事実です。

「真に優れたリーダーは、まずサーバントとして振る舞う」という言葉に勇気を貰い、私はチームメンバーや組織全体を支え、後押しする存在でありたいと強く思うようになりました。それは、まさにコアバリューに掲げる「Top Giver」という姿勢、すなわち「与える」という姿勢そのものだったのです。

こうして、サーバントリーダーシップを実践し、メンバーに寄り添い、必要なものを惜しみなく与えるという姿勢を貫く中で、チーム全体の心理的安全が確立されていったと実感しています。

この考え方をワークショップの中でお話をしていたとき、鋭い質問を頂きました。

「部下になめられませんか？」

「サーバント＝召使い」と捉えれば、部下の下僕になるようで、実際に召使いのように扱われないかという危惧でしょう。


これはまさに、私がサーバントをやっていく中で抱えていた懸念と重なりました。単なる便利屋マネージャーに成り下がる不安を抱えていた私にとって、この本との出会いは大きな転機となりました。

この本が提示するサーバントリーダーシップのもうひとつの側面、それは「描く未来を共有し、使命のために行進する姿勢」です。チームメンバーを支えるだけでなく、進むべき未来を示す「北極星」となるビジョンを掲げ、先頭に立つ姿勢も重要なのです。

この両輪が揃って初めて、真のサーバントリーダーシップが完成すると言えるでしょう。

リーダーがサーバントリーダーシップの姿勢を貫くことで、チームメンバーは心理的安全を感じ、他のチームとの協調性も高まり、組織全体へ好影響が波及するでしょう。顧客に対しても同様の姿勢で接することで、信頼関係を築き、安心して意見を共有できるパートナーシップを構築できます。

サーバントリーダーシップを実践するには、単なる奉仕者になるのではありません。「Easy Next Step」で具体的な指示とサポートを提供し、コアバリューを含む「北極星」を示すことで、組織全体を導くことが重要です。

ユーモアの力

心理的安全性を組織や会社全体に浸透させることで、生産性向上と人材誘致を両立させたいけど難しい……、そんな方に向けて魔法をご紹介しましょう。

それは「ユーモア」の力です。

口で言うほど簡単なことではありません。私自身、ユーモアの力を使うとは非常にハードルの高いものでした。しかし、ユーモアを巧みに操る経営幹部の姿を見て、憧れを抱いたのも事実です。彼らのように、ユーモアを取り入れたマネジメントスタイルを実践したい。そう強く思っていました。

ユーモアには、チームを一体化させる力や、記憶に残りやすく信頼関係を築きやすいという利点があります。さらに、ユーモアを操るリーダーは、自信に溢れ有能に見えるという効果も期待できるそうです。

私の経歴で印象深い人物に、ダン・ミラー氏がいます。彼とはサン・マイクロシステムズ時代とタブロー時代、2つの異なる会社で、しかも立場を変えて出会い、その度に感銘を受けました。

サン・マイクロシステムズ時代は彼が日本社長、私が平社員。2度目は彼がグローバル営業トップ、私が営業マネージャーとして再会しました。グローバルキックオフでの彼のセッションは忘れられません。

シリコンバレーのＩＴ企業文化が「Hate To Lose（負けることを嫌う）」から「Love To Win（勝つことを愛す）」へと変化したと熱く語り、まさに彼自身が「Love To Win」。チームで楽しんで勝つことを体現するリーダーのように思えました。

彼の魅力は、ユーモア溢れるコミュニケーション能力です。自信に満ちた立ち居振る舞いは、周囲を巻き込み、自然と人を笑顔にする力がありました。特に印象的だったのは、各大陸の営業トップが1ドルを賭けて競い合うという、彼が仕掛けたユーモアたっぷりのゲームです。緊張感が漂う場を一瞬でリラックスさせ、私たちアジアチームを奮い立たせる、不思議なパワーを感じました。

顧客との場面でも、彼のユーモアは絶大な効果を発揮します。どんなに緊迫した状況でも、彼がユーモアを交えて話し始めると、相手は警戒心を解き、心を開いてくれるのです。
そして、彼のユーモアは、決して生来的な才能だけではないと気づかされた出来事がありました。グローバルイベントに向けた彼の姿です。車中で待機する間も、彼は真剣な表情で原稿を暗記していました。影の努力があってこそのユーモアだと知り、そのギャップに凄みを感じました。

数字に追われ、プレッシャーに押しつぶされそうになっていた私は、オフィスでは鬼のような形相で周囲を凍りつかせていたようです。あるメンバーからの指摘で、自分の険しい表情に気づかされました。そんな折、ダンミラーへの憧れが芽生え、昇進していく中で、自分を変えようと決意します。
「スマイルリーダーキャンペーン」と書いた張り紙をデスクに貼ってみたり、苦手なユーモアに挑戦するため、会社のハロウィンイベントで思いっきり仮装してみたり。親しみやすさを目指して、様々な試みを重ねていきました。

ユーモアの効果は、チーム、組織、顧客との垣根を越えて、瞬時に心理的安全を築き、対話を活性化させることを実感していたため、苦手意識を克服しようと努めてきました。

試行錯誤する中で、あるワークショップで「ユーモアへの挑戦方法」を参加者に問うた際、素晴らしい回答を得ることができました。

それは、自身はユーモアが不得意な社長が、社員の中で得意な人物を見つけ出し、会議やイベントでその才能を発揮できるよう、公私にわたり積極的に認め、称賛することで、「ユーモアを推奨する社長」というイメージを浸透させている、という事例でした。

この話から、「自分自身が得意でなくとも、周囲のユーモアを活用することで、心理的安全性を醸成できる」という新たな視点を得ることができました。

無理に苦手な仮装などに挑戦するのではなく、このようなアプローチを取ればよかったと、今では反省しています。

エグゼクティブコーチング

皆様が昇進し、外資系企業で2nd Line（セカンドライン）と呼ばれるポジションに就かれた際に意識すべき重要なポイントです。2nd Lineとは、現場で活躍する1st Line（ファーストライン）マネージャーを統括する立場、つまり「マネージャーのマネージャー」と言えるでしょう。

かつて私が1st Lineマネージャーだった頃、2nd Lineの上司に切にお願いしていたことがあります。「現場への具体的な指示は控えていただきたい」と。

名著『7つの習慣』にもあるように、現場の状況を最もよく理解している責任者に権限を委譲することが、組織の力を最大限に引き出すためには不可欠だからです。上司から私を飛び越えた指示が現場に出されたときは、自分の存在意義を見失いそうになるほどでした。

2nd Lineになったときに実施すべきことは、明瞭で骨太の指示は出すことです。そして、具体的な実現方法は現場の責任者に任せることが大事だと思います。

1st Lineの成長へのコーチング

2nd Lineからの骨太なメッセージと併せて、現場から〝強面役〟と位置づけることで効果的な指導体制が構築できると考えます。これは、交渉術で言う〝Good Cop, Bad Cop〟のように、1st Lineが〝良い警官〟、2nd Lineが〝悪い警官〟を演じるイメージです。

1st Lineは、チームメンバー一人ひとりの性格に合わせた丁寧な指示で、会社からのメッセージを〝味付け〟して伝えてくれます。しかし、経験の浅さから、ときにそれが上手く伝わらないケースも想定されます。そのような際に、2nd Lineが〝強面役〟を演じることで、現場をスムーズに動かせる可能性も秘めているのです。

会社としてハイスタンダードな規律を設けることは非常に重要です。しかし、その〝当たり前〟を浸透させる初期段階においては、2nd Lineの〝有無を言わさぬ指示〟が必要となる場面もあるでしょう。そこから、1st Lineは〝どのように厳しい通達を伝え、規律を構築していくか〟を試行錯誤し、成長していくことが期待されます。そして最終的には、彼らに現場を全て任せられる状態を目指していくのです。

エグゼクティブコーチングの役割

エグゼクティブコーチングは、1st Lineマネージャー間の連携を促進する役割も担います。ときとして、マネージャーの中には「現場に任せる」という言葉を履き違え、自身のチームを守ることに固執し、他者を排除しようとする者が現れる可能性もあります。このような状況下において、2nd Lineマネージャーは、物事の本質を見極め、大義にもとづいて適切な方向へ導くことが求められます。重要なのは、在籍期間や実績ではなく、「組織全体の成長のために何が必要なのか」という視点です。

「その、さらなる成長のために何をするのでしょうか?」

2nd Lineマネージャーは、指示ではなく「課題」を与えることで、1st Lineマネージャーの意識改革を促します。大義に異論を唱える者は稀でしょう。しかし、自身のチームを優先してしまうマネージャーには、常に一段上の視点を持つよう促す必要があります。

課題を与える際には、現状の立場にとらわれず、「業界のリーダーになるためには」といった壮大な視点を与えることで、より大きな成長を促せるはずです。

社外への情報発信チャレンジ

社外への情報発信は、立場が上がるにつれて重要性を増すチャレンジと言えるでしょう。特に営業役員ともなれば、会社の方向性について社内外をリードする役割を期待されます。私自身も「ソートリーダーシップを発揮し、積極的に情報発信を」と激励された経験があります。しかし、顧客やチームメンバーを巻き込むような定期的な発信と、それを裏付ける努力や情報収集は、想像以上にハードルが高いものでした。

情報発信に消極的な人には、「そんな情報で発信していいのか?」という迷いや、「誰にも読まれないのではないか?」という臆病な感情が見受けられます。しかし、業界のトップを目指すのであれば、発信による存在感の表明は避けて通れません。その意味で、ソートリーダーシップを発揮し、業界をリードできるか否かは、大きな課題として認識すべきだと痛感しています。

ビジョンと目標を明確化するしくみ

これまで、マネージャーとして、自身と組織の心理的安全を築きながら、数字を生み出すための挑戦についてお伝えしてきました。今回は、組織全体に戦略を深く浸透させるための重要な手法について考察していきます。

ときには、たとえ素晴らしい業績を収めていたとしても、外部環境や内部戦略の変化によって、企業全体で新たな方向へと舵を切らなければならない場面に遭遇します。これは皆様の会社においても、既に経験済みかもしれませんし、今後起こりうる可能性もはらんでいます。

例えば、私がかつて経験した事例では、創業ＣＥＯから経営のプロフェッショナルである2人目のＣＥＯが就任したタイミングで、グローバル規模での積極的な採用活動が展開されていました。ＣＥＯ就任後の3年間は、毎年会社の方針が大きく転換していきました。1年目は主力製品のオンプレミスからクラウドへのシフト、2年目は買い切り型からサブスクリプションモデルへの移行、そして3年目にはサブスクリプション契約から包括契約の推進へと、トップダウンで戦略が次々と変更されていったのです。

このように目まぐるしく変化する戦略の中、毎年多くの新しいメンバーが加わる状況下においても、組織は柔軟に適応し、新たな販売手法に焦点を当てることができていました。この背景には、徹底した「言語化」という、組織変革を成功に導くための強力な手法が隠されていたのです。

経営のプロとして着任したCEOのアダムは、元Amazon Web Service（AWS）の幹部という経歴を持ち合わせています。

彼は、AWSで長年培われてきた「ナラティブ」と呼ばれる文化を私達に教えてくれました。これは、新たな戦略を徹底的に言語化し、ストーリーとして記憶に刻み込むことで社内へ浸透させていく手法です。特に、目まぐるしく変化する状況下では、過剰なほどのコミュニケーションが重要となります。

そして最終的には、トップダウンの指示ではなく、社員一人ひとりが咀嚼し、自身の言葉として落とし込むことで、真の変革が実現するのです。

興味深いことに、アドビのCEOであるシャンタヌ・ナラヤン氏も、会社をSaaSビジネスへと転換させる際に同様の手法を用いたとインタビューで語っています。また、マイクロソフトのサティア・ナデラ氏も、CEO就任後、組織のあり方を明確に言語化するカルチャーを築き上げました。

前職のセールスフォース社も、時代の変化に対応するため、戦略の見直しや新規企業の買収を積極的に行いながら、急成長を遂げてきました。このような状況下で、組織をひとつにまとめ上げてきたのも、他でもない「言語化」という手法です。

セールスフォース社では、「V2MOM」と呼ばれる独自のフレームワークを用いて、ビジョン、価値観、方法、障害、基準を明確化しています。

CEOのマーク・ベニオフ氏自身がその重要性を説いており、実際に検索すれば、V2MOMの詳細や導入事例、フォーマットなどが公開されています。

その重要性をWebから抜粋します。。

「成功の基盤となるのは、継続的なコミュニケーションと、完全な意思統一です。セールスフォースでは、その両方を実現するために、私が考案した「V2MOM」という管理手

V2MOMはビジョンと目標を明確化する仕組み

1.ビジョン(Vision)……達成したいことは何か?

2.価値(Values)……達成しするうえで大切な信念は何か?

3.方法(Methods)……達成するためにどうするか?

4.障害(Obstacles)……達成の妨げになるものは何か?

5.基準(Measures)……成果をどう測定するか?

法を長年にわたって活用してきました。V2MOMでチームをひとつに、一瞬一瞬を大切にし、今の状況を正確に把握していないと、あまり重要でない小さな問題にかまけている間に時間が過ぎてしまうことがあります。

ビジョンに沿って皆の足並みを揃え、前進の道筋を描くことが大切です。優先順位を付ける必要があります。」

V2MOMは、Vision、Values、Methods、Obstacles、Measuresの頭文字を取ったフレームワークです。セールスフォースでは、マネージャー陣がこのV2MOMを毎年作成し、明文化された方向性にもとづいて一年間の業務を進めています。

企業の成功には「言語化」が不可欠です。特に、変化の激しいＩＴ業界においては、立ち止まって丁寧に現状やビジョンを言語化し、トップから現場までストーリーとして共有することで、組織全体の方向性を統一していくことが重要と言えるでしょう。

組織の規模拡大に伴い、メンバー全員の方向性を統率していく上でも、「言語化」は強力なツールとなり得るのではないでしょうか。

自分は変われたのか？

足腰を鍛え直し、再度マネージャーになってからも色々な経験をさせてもらったことで自分自身も成長することが出来ました。ただ、時々思うのです。過去の自分と向き合うとき、自問自答せずにはいられません。「私は本当に変われたのだろうか？」と。

かつて、若く未熟だった私は、いきなり部長という重責を任されました。右も左もわからず、ただがむしゃらに結果だけを求めた苦い経験があります。

「あの過ちを二度と繰り返さない」

そう誓ったあの日から、私は必死に努力を重ねてきました。転職を経て、一営業担当として現場経験を積み重ね、再び営業マネージャーという立場を任されるまでになりました。

しかし、ふと思うのです。もしもタイムマシンに乗って、あの頃の自分に戻ることができたとしたら、私は本当に違う行動を取れたのだろうか？と。自問自答を重ねる度に、過去の自分と完全に決別できるのか、不安な気持ちに苛まれます。この問いに対する明確な答えは、今も私自身の中に見出せていません。

それでも、2nd Lineという立場を経て、俯瞰的に状況を捉え直すことができました。あのとき、私がパワハラに手を染めざるを得なかった真因は何だったのか。それは、数字の低迷による退職者を減らし、チームの存在意義を示すためには、強引なオペレーションをしてでも結果を出す必要があったからです。買収後の戦略不在、ハードウェア未経験のマネジメント層による保守パーツ不足など、顧客への悪影響が拡大する中で、強いリーダーシップなくしてはチーム全体が崩壊してしまう危機感を抱いていたことも事実です。

現場への強いマネジメントスタイルを模倣した当時の自分の無抵抗な姿勢を反省すると同時に、問題の根源を見据えずして、真の解決はあり得ないと痛感しました。マネージャーという立場になれば、表面的な事象に惑わされず、本質を見抜き、組織に好影響をもたらすことが求められます。人間である以上、状況に流されることは避けられません。

しかし、安易に非難するのではなく、「なぜそうせざるを得ないのか」という真因に目を向けるようにしましょう。私自身もその視点を持ち続けたいと思います。

終章

謙虚なリーダーシップ

非難される

私は営業リーダーを務める中で、自分の人生では見たことが無いような景色をチームメンバーと一緒に見ることが出来ました。

しかし、長くリーダーをやっていると、全員が全員私のやり方を良しとはしないでしょう。私が至らなかったことで他のチームに迷惑をかけることもありました。また、自分がリーダーとして矢面に立って非難されていると感じることもありました。

私も人間なので余計以上に気にして自分らしくいられないことがあったのも事実です。稲盛和夫さんの言葉を紹介させて頂きましたが、「リーダーの人間力がチームに出る」という信念を持っている私としては、常に自分が自分らしくあるために何をすれば良いのか？と自身に問いかけ続けていました。

まわりからの非難を浴びている孤独な状況だとしても、チームメンバーに元気と勇気を与え続けるために出来ることがないかともがきました。おそらく皆さんにも似た経験があると思います。

自分を鍛える

いくら考えても他人がどう思っているかなんてことは、自分にはどうすることも出来ないことです。大事なのは自分が出来ることにフォーカスするしかありません。

営業リーダーのチャレンジをお話しした中で「人にモチベーションを持ってもらうためには『重量感』を感じてもらう事が大事である。それは営業リーダーが心から『頼りにする』ということがシンプルで効果的である」ということを書きました。あえて書きませんでしたが、頼りにするだけで本当に人は重量感を得てもらえるのでしょうか？

誰が頼りにするかということも重要だと思います。

周囲に頼られたり、まわりを動かせるような人は、恐怖で人を動かしているわけではありません。むしろ、その人のために何かをしたいと思ってもらえるような人にならないと駄目だと考えていました。

リーダーがメンバーを頼ったとき、メンバー自身にそのことを「誇らしい」と思ってもらえるようになるには何をしたらいいでしょうか。メンバーの意識をこちらが変えることは難しいです。周りを変えられないのだとしたら、自分の意思で出来るのは自分を鍛え続けることしかありません。

自分を鍛えて成長するために、絶えずインプットを継続していきました。インプットの例としては書籍やコーチングを受けるなど、営業リーダーとして必要なインプットも行っていましたが、自分を鍛えるという点で効果があったのは営業リーダーに関係ないものでした。

それに気づいたのは33歳でマネージャーになり、挫折したときに始めた空手からです。小中高とサッカーをやっていた自分にとって、格闘技には苦手意識がありました。数字というプレッシャーも含め精神的にも追い込まれていたので、それを跳ね返すインプットとして心身を鍛えられる空手を始めたのです。そこから約15年続けています。関節が固く足もうまく上がらないので決して上手ではありませんが、だからこそ黒帯になるまでの試行錯誤はとても素晴らしいインプットになりました。

なぜこのようなインプットを繰り返すことが大事なのでしょうか？

苦手なことをやろうと思って空手を始めたわけではありませんが、その後は得意でないことをあえて始めたり、慣れないことをやるインプットを繰り返す必要があると感覚的にわかっていきました。しかし言語化までには至っていませんでした。

インプットを繰り返すことが何故必要なのか？

もっと言えばあえて苦手なことに取り組むのは何故か？

30代から色々考えてきましたが、私にとって一番しっくりくる答えはインプットの時間が自分と向き合う時間になるからだと思っています。最近よく見かける言葉にすると「内省」する時間です。

内省する

起業してからは色々な経営者にお会いする機会も増えたので、経営者の方にも何をインプットしているか聞くことがあります。経営者は忙しく優秀な方こそインプットにきっちり時間を確保していますし、独自の面白いものを見つけてらっしゃると思いました。得意なことや好きなことだけをやっていると簡単に出来てしまうので、自分と向き合う時間が少ないのかもしれません。あえて大変なことも含めて色々インプットする中で、立ち止まって考えながら突破するところに、自分を成長させてくれたり自分らしくいられる拠り所が生まれるのだと思います。

そして、こういった方々を見ていてもうひとつ気づいたのが、そういったインプットから内省する時間と合わせて、新しいビジネスチャンスを探し続けているということでした。普段の生活では出会わないような全く違うインプットにこそ、新しいチャンスが潜んでいるのではないかという意識です。他の人には見えないものを見つけることを「運」と呼ぶ人がいますが、私にはそれも意識し続ける努力によるものだと思えます。

営業リーダー生活の中で自分らしくいられない瞬間があったのは事実です。

これまたカーネギーの『人を動かす』に記載されていますが、そうやって他人を責める人物というのは、どの会社にも一定の割合でいるものです。

今の会社でまわりにそのような方がいて会社を転職しようと思っていたとしても、転職した先にもまたそういった方は一定の割合でいるということなのです。

それであれば、どうすれば良いのか。『人を動かす』の中ではそういった方は説得できないから議論は避けたほうが良い。否定や非難をすれば報復されるだけ、むしろ批判や非難もせず何故そのようなことをさせてしまっているのだろうと理解してみることが大事であるということでした。

私も、そのように考えると気持ちが少しは楽になりましたし、成長出来た気もしました。

そして、ここが一番大事ですし声を大にして言いたいことです。

どんな状況でも人の悪口を言ってはいけません。悪口は人を巻き込みます。面白おかしく噂も広がります。

あなただけはいつも物事の良い面を見て、ポジティブな発言と人への感謝の気持ちを忘れないでいてください。これが最大の防御でもありますし、結果として、人生を共にしたい人が残ってくれるはずです。

自分を取り戻す方法

私が目指すのは、自分らしくいられる謙虚なリーダーであり、チームや組織に心理的安全を築くことです。そのために、サーバントリーダーシップを心がけ、ユーモアを交えながら明るい雰囲気づくりを意識してきました。

しかし、家族が目にしたのは、打ち合わせの合間の5分間にソファーで意識を失うように眠り込む私の姿や、心身ともに疲弊し病院に駆け込む姿でもありました。

リーダーの孤独についてはよく語られますが、私自身もその言葉通り、立場が上がるにつれて孤独感を募らせていきました。常に疲労困憊していたのは、理想のリーダー像と現実の自分とのギャップに苦しみ続けていたからでしょう。

5分の仮眠の後には、期待に応えようとするリーダーの仮面を再び被らなければなりませんでした。薬を服用していた時期には、会議中に息苦しさと激しい動悸に襲われ、思考が停止してしまうこともありました。大切な会議の前には、気休めに薬を飲むものの、息苦しさは改善されず、脂汗が止まりません。それでも、「ここで会議室を飛び出したら終わりだ」という思いが、私をその場に踏みとどまらせていたのです。

元チームメンバーと行った1年ぶりの飲み会で「なぜ辞めたのか」と尋ねられました。お酒の力も借りて、当時の正直な気持ちを打ち明けました。期待値とのギャップに苦しんでいたこと、楽しくチームを引っ張っているように見せていたことなどです。メンバーは全く気づいていなかったようで、当時の自分を褒めてあげたくなりました。

なぜこんな話を長々と綴るのかというと、リーダーであれば多かれ少なかれ、似たような辛さを抱えているのではないかと考えたからです。

辛さを競いたいのではありません。あの苦悩や内省の時間は、決して無駄ではなかったと今になって思うのです。内省を重ねることで、人の気持ちをより深く理解できるようになりました。かつての自分と同じように苦しんでいるメンバーがいれば、親身に寄り添い、的確な言葉で勇気づけることができるはずです。それは、過去の自分に語りかけるような、嘘偽りのないコミュニケーションに繋がるのではないでしょうか。

闇を抱え続けることは、チームに悪影響なのではないかと不安でした。しかし、メンバーはそんな私に感謝の言葉をくれました。数字に追われ、暗い表情で周囲を威圧していた自分も、サーバントリーダーとして笑顔でチームを支えようとしていた自分も、紛れもなく私自身なのです。大切なのは、悩むこと自体を否定するのではなく、その闇を糧に成長し、「自分らしさ」を取り戻せるかどうかではないでしょうか。

ハーバードビジネスレビューによれば、優れたリーダーの資質は、専門技術が5%、専門知識が10%、そして感情コントロールが85%を占めるとされています。周囲から頼りにされる存在であるためには、自己研鑽を怠らず、困難に直面した際に自分自身を取り戻せる術を身につけておくことが重要です。

そこで、私自身が実践している、自分を取り戻すための方法をいくつかご紹介します。

①体を動かす

体を動かす習慣は、心のデトックス効果をもたらしますし、体力勝負の営業マネージャーにもおすすめです。

私も、かつて暗闇にいるような、このままでは心が壊れてしまうかもしれないと感じたときに、衝動的に外に飛び出し、走りに出たことがありました。全身から汗を流して自然と向き合うことで、自分自身を客観視することができ、幾度となく救われました。

そのときは、10キロの道のりを、できる限り同じコースで走るようにしていました。当初は果てしなく感じていた距離も、幾百回と繰り返すうちに、どの辺りが何キロ地点か把握できるようになり、苦しい道のりも残りどれくらいかわかるようになりました。

ランニングを通じて仕事で困難な状況に陥ったとしても、その先に必ず終わりがあること、そして、いつかは乗り越えられるという暗示をかけていたのです。もちろん、有酸素運動としての爽快感やリフレッシュ効果も大きな魅力です。

② メンターを見つける

メンターとの出会いは、人生を豊かに彩るかけがえのないものとなります。心を裸にし、すべてを打ち明けられる存在は、心の拠り所となるでしょう。私自身、若くして父を亡くした経験から、メンターとの時間は、ありのままの自分を取り戻せる貴重な時間でした。

頻繁に会うことが難しい場合は、信頼できるカウンセラーなど、定期的に自分の内面をさらけ出せる相手を持つことも有効です。進むべき道を後押ししてくれる存在がいることで、困難な状況に陥っても、再び歩み出す力を得ることができるはずです。そして、その一歩は、きっと以前よりも力強いものになっているでしょう。

③ 支えてくれる本や映画、音楽や言葉を見つける

ときには、バイブルのように心を奮い立たせる本や映画、音楽に触れてみましょう。私にとってのそれは学生時代に触れた作品です。希望に満ち溢れていたあの頃の自分に立ち返り、現在の自分の原点、努力の意義を再確認させてくれます。偉人の生き様を描いた作品から、困難な状況下でも揺るがなかった彼らの精神力、行動力に感銘を受け、勇気をもらうこともあります。

映画『インビクタス』を鑑賞した際には、ネルソン・マンデラの苦境における振る舞いに、自身の未熟さを痛感すると同時に、未来へ向かうための指針を与えてもらいました。

過去の思い出が詰まった作品だけでなく、話題の映画や書籍にも積極的に触れてみましょう。尊敬する人からの推薦作品も、新たな発見を与えてくれるはずです。新鮮な出会いは人生に活力を与え、自分らしさを取り戻すきっかけになるでしょう。

④リーダーが夢を持つ

自分の人生をどう生きていくのか？という本当に大きな夢です。

その夢さえあれば何故自分が今頑張っているのか、その夢に近づくために今のこの苦しみがあるのだという心持ちになれます。最強の心理状態だと思います。

私自身、30代の頃から「ホテルをつくり、人々を幸せにする空間を提供したい」という、ＩＴ業界とは無縁の夢を抱いていました。実現のために必要な知識や経験を貪欲に吸収し、苦難を成長の糧としてきた結果、リーダーとしての道を歩むことができたと感じています。

45歳まで、決して得意とは言えないＩＴ業界で、人見知りの私が営業として働き続けられたのも、この大きな夢があったからこそと言えるでしょう。外資系企業で働く中で、「カントリーマネージャーを目指しているんですか？」と問われたこともありましたが、私の胸には、壮大な違う夢が宿っていたのです。

⑤過去の自分を思い出して褒めてあげる

ここまで紹介した４つの方法でも気持ちが前向きになれないとき、私が実践していることことをお伝えしましょう。それは、過去の自分を褒めてあげることです。

リーダーとして経験を積むにつれ、周囲からの賞賛は少なくなっていくかもしれません。しかし、これまでの人生でどれだけの努力を重ね、困難に立ち向かってきたのかを、あなたは誰よりも理解しているはずです。結果が伴わないときもあるかもしれません。それでも、あのとき勇気を出して行動した自分を、心から褒めてあげてください。

私自身、決して自己肯定感が高いほうではありません。それでも、過去の自分を振り返り、奮闘した自分を思い出すことで、かろうじて自分を奮い立たせています。

例えば、初めての転職で不安を抱えながらシンガポール行きの深夜便に乗り込んだ日のこと。初日にパソコンを受け取り、会社のキックオフイベントに参加した緊張感。そして、期待される営業像を体現しようと、片言の英語でアジア各国のメンバーに話しかけた夜のパーティー。なんだそんなことかぐらいの頑張りですが、あのときの高揚感と勇気は、今でも鮮明に覚えています。

20代の頃、シティバンク担当として、グローバルメンバーが集うニューヨークでの1週間の研修に参加しました。アジアからの参加は私一人。議論中にリーダーから「Kogo!」

と意見を求められるも、英語での議論内容が全くわからず、推測で発言するしかありませんでした。周囲は私の拙い英語に怪訝な顔をします。二人一組のディスカッションやチーム発表でも議論は深まらず、相手に申し訳ない気持ちでいっぱいでした。

夜は夕食を兼ねたパーティーがあり、ホテルに戻ると疲労困憊でした。それでも、「アジア代表として、ここで顔を売らなければ、将来のキャリアや起業という夢に繋がらない」という思いが頭をよぎり、重い足を引きずって会場へ向かいました。しかし、昼間の会議室以上に騒がしいバーでは、会話は全く聞き取れません。最初のうちは頑張って話しかけましたが、結局は端で笑顔を浮かべているのが精一杯でした。

情けない経験から得たものは数え切れません。あのとき踏ん張れたのだから、今回もきっと乗り越えられる。そう思って自分を奮い立たせてきました。

海外では、恥を恐れず必死に食らいついたからこそ、なんとか聞き取れた一言一言が宝物のように響き、そこで得た知識は深く胸に刻まれました。もし、それが日本語でのやり取りだったら、とっくに忘れ去られていたかもしれません。この経験があったからこそ、こうして筆を執り、本を出版するという新たな境地を切り開くことができたのです。

今苦境に立たされている方は、自信を失い、深い闇の底へと落ちていくような感覚に陥っているのではないでしょうか。しかし、そんなときこそ、過去の自分を思い出してみてください。そして、自分を信じてあげてください。

私の机の脇には、長年貼り続けている言葉があります。

「こういうときは、自分を信じて！！」

おわりに

今回、書籍の執筆にあたり、当時のチームメンバー数名にインタビューを行いました。私が継続的にインプットしていたこと、彼らを信頼して任せることで、頼れる営業リーダーへと成長できたのか。それとも、独りよがりだったのか。

彼らに投げかけた問いは、「私が実行した戦略に意義を感じたか、実際に役立ったか」というものでした。はたして、私の思いは届いていたのでしょうか？

その答えとなる彼らの生の声を、ありのままに紹介させていただきます。

「実行した戦略で意味があると思ったこと、役に立ったことはあったか？」

ブレない：指示やスタンスがブレません。当たり前のようですが、それが出来ているマネージャーは少ないです。ブレないので、心から信頼できます。もし間違ったことがあった場合は、謝ってどう間違っていたのかを説明してくれるという誠実さもあると思います。

腹落ち：常に腹落ちさせてくれます。例え話もふんだんで、言葉の使い方も丁寧に選択されていると思います。話の内容だけでなく抑揚や明確なキーメッセージがちゃんと残るので、ずっと意識して動けます。例え話は、仕事と日常や一般知識などをリンクさせる必要があるので、自然と色々なものや分野に興味を広げることを意識するようになりました。

否定しない：人の意見に耳を傾けて、肯定しつつ伝えてくれます。その際、絶対に否定せず、違う意見のときは、自分に気づきを与えてくれてありがとうと言ってくれるぐらいでした。気持ちよく働く環境をつくれるようになり、仕事だけでなく、子供に対してなどプライベートでも良い環境をつくっているのだと思います。

楽しさ：仕事の楽しさだけでなく、仕事や人と会うことが本当に好きなのだなとヒシヒシと感じていました。かなり精神的にご苦労があった時期に部下でいたとお聞きしましたが、本当に仕事が好きな方なのだなと思っていました。私自身、楽しんでいるときのほうが高いパフォーマンスが出るので、笑顔でリラックスすることの大切さを知りました。

速度（的確さ）：意思決定から行動、指示出しまで非常に早かったです。一連に無駄がなく迷いがないと感じていました。スピードはビジネスにおいて本当に大切だと思うのですが、単にスピードアップしようとすると雑になってしまいます。無駄を省くことと迷いをなくすことで質を落とさずスピードアップされていたのだと思います。

目線を合わせる：瞬時に人に合わせて、わかりやすく表現をされています。私もエグゼクティブを含むどのレイヤーの人にも目線合わせが出来るようにするため、事前に会社の方針や財務状況、最新トピックなどは頭に入れる癖ができました。

かつての部下たちから、想像もしていなかった賛辞を頂きました。遠い過去の記憶なので、美化されている部分もあるかもしれません。それでも、私が成長しようと研鑽を積み、惜しみなく知識や経験を伝え続けたことが、少しでも彼らの心に響いていたのだとしたら、これほど嬉しいことはありません。

数々の表彰よりも、彼らと共に勝ち取った「アジア最優秀マネージャー」の称号が私の誇りです。なぜなら、あのときのチームは、アジアで最高の仲間たちと築き上げた、かけがえのない財産だったからです。

また奇遇にも、本書の執筆中に、最初のマネージャー時代に共に過ごしたメンバーから連絡がありました。彼は新卒1年目で希望に満ち溢れて入社した矢先、買収によって将来が不安視される私たちの部署に配属されました。彼が人生の転換期を迎えた今、当時のことを振り返り、私に連絡をくれたというのです。

「僕が配属されたとき、当時の部署の状況もあって私のことを遠藤さんはよく気にかけて下さいました。遠藤さんの行動力とコミットメント力や部下を思いやっていただける所など、一番良い部署で過ごさせて頂いたと思っています。管理職は人としての素養が大事で、その次にKPI分析で可視化したりするなど、戦略を練る流れになると思います。だからこそ、一番最初の社会人で、人としての勉強をさせて頂けた遠藤さんに出逢えて良かったと思います」

人の気持ちがわかるからこそ、惜しみなく与えることで疲弊してしまう。そんな優しさ溢れるリーダーだからこそ、多くのメンバーから愛され、至上の幸せを感じられるのではないでしょうか。それは弱さではなく、誰よりも大きな愛と強さを持ち合わせた証です。

今、苦難に立ち向かう営業リーダーの皆さんの経験は、必ずや未来を拓く糧となるでしょう。そして、その逆境に立ち向かう不屈の精神こそ、私の誇りです。

［著者略歴］
遠藤公護（えんどう・こうご）
2001年にサンマイクロシステムズに入社し、パートナー営業とハイタッチ営業を経験。2010年にオラクル社との買収を経てシステムズ部門に配属、金融営業部の部長として営業推進に従事。2014年にTableau Japanに入社し、2人目のエンタープライズ営業として日本市場におけるデータ活用推進を支援。2017年よりエンタープライズ営業 第一営業本部長に就任し、主に通信業、メディア、テクノロジー企業の営業責任者として、Tableau社のコアバリューであるDelight Our Customer推進に注力。2019年Salesforce社の買収を経て、Tableau, A Salesforce Companyの執行役員に就任。（アジア最優秀マネージャーの表彰を含む営業受賞歴は15回以上）2023年にAT LAST.Inc（アットラスト株式会社）を設立。同年12月『人生を変える営業スキル』（クロスメディア・パブリッシング）を出版。
https://www.atlast-g.com/

なぜ営業《えいぎょう》リーダーの仕事《しごと》はこんなに難《むずか》しいのか

2024年10月1日　初版発行

著　者　遠藤公護

発行者　小早川幸一郎

発　行　株式会社クロスメディア・パブリッシング
〒151-0051 東京都渋谷区千駄ヶ谷4-20-3 東栄神宮外苑ビル
https://www.cm-publishing.co.jp
◎本の内容に関するお問い合わせ先：TEL（03）5413-3140／FAX（03）5413-3141

発　売　株式会社インプレス
〒101-0051 東京都千代田区神田神保町一丁目105番地
◎乱丁本・落丁本などのお問い合わせ先：FAX（03）6837-5023
service@impress.co.jp
※古書店で購入されたものについてはお取り替えできません

印刷・製本　中央精版印刷株式会社

 ISBN978-4-295-41026-3　C2034